Anja Alwan / Kathrin Ebner

Lernzielkontrollen Deutsch 5./6. Klasse

Tests in zwei Differenzierungsstufen

Herausgegeben von Marco Bettner und Erik Dinges

Die Autorinnen

Anja Alwan ist Lehrerin im Vorbereitungsdienst an einer kooperativen Gesamtschule im Taunus (Hessen) und unterrichtet dort Deutsch und Geschichte.

Kathrin Ebner ist Lehrerin an einer kooperativen Gesamtschule im Taunus (Hessen) und unterrichtet dort Deutsch, Geschichte und katholische Religion.

Die Herausgeber

Marco Bettner – Rektor als Ausbildungsleiter für Mathematik und Informatik, Haupt- und Realschullehrer, Referent in der Lehrerfortbildung, zahlreiche Veröffentlichungen

Erik Dinges – Rektor an einer Schule für Lernhilfe, Referent in der Lehrerfortbildung, zahlreiche Veröffentlichungen

4. Auflage 2022
© 2013 PERSEN Verlag, Hamburg

AAP Lehrerwelt GmbH
Veritaskai 3
21079 Hamburg
Telefon: +49 (0) 40325083-040
E-Mail: info@lehrerwelt.de
Geschäftsführung: Christian Glaser
USt-ID: DE 173 77 61 42
Register: AG Hamburg HRB/126335
Alle Rechte vorbehalten.

Das Werk als Ganzes sowie in seinen Teilen unterliegt dem deutschen Urheberrecht. Die Erwerbenden einer Einzellizenz des Werkes sind berechtigt, das Werk als Ganzes oder in seinen Teilen für den eigenen Gebrauch und den Einsatz im eigenen Präsenz- wie auch dem Distanzunterricht zu nutzen.
Produkte, die aufgrund ihres Bestimmungszweckes zur Vervielfältigung und Weitergabe zu Unterrichtszwecken gedacht sind (insbesondere Kopiervorlagen und Arbeitsblätter), dürfen zu Unterrichtszwecken vervielfältigt und weitergegeben werden.

Die Nutzung ist nur für den genannten Zweck gestattet, nicht jedoch für einen schulweiten Einsatz und Gebrauch, für die Weiterleitung an Dritte einschließlich weiterer Lehrkräfte, für die Veröffentlichung im Internet oder in (Schul-)Intranets oder einen weiteren kommerziellen Gebrauch.
Mit dem Kauf einer Schullizenz ist die Schule berechtigt, die Inhalte durch alle Lehrkräfte des Kollegiums der erwerbenden Schule sowie durch die Schülerinnen und Schüler der Schule und deren Eltern zu nutzen.

Nicht erlaubt ist die Weiterleitung der Inhalte an Lehrkräfte, Schülerinnen und Schüler, Eltern, andere Personen, soziale Netzwerke, Downloaddienste oder Ähnliches außerhalb der eigenen Schule.
Eine über den genannten Zweck hinausgehende Nutzung bedarf in jedem Fall der vorherigen schriftlichen Zustimmung des Verlags.
Sind Internetadressen in diesem Werk angegeben, wurden diese vom Verlag sorgfältig geprüft. Da wir auf die externen Seiten weder inhaltliche noch gestalterische Einflussmöglichkeiten haben, können wir nicht garantieren, dass die Inhalte zu einem späteren Zeitpunkt noch dieselben sind wie zum Zeitpunkt der Drucklegung. Der PERSEN Verlag übernimmt deshalb keine Gewähr für die Aktualität und den Inhalt dieser Internetseiten oder solcher, die mit ihnen verlinkt sind, und schließt jegliche Haftung aus.

Wir verwenden in unseren Werken eine genderneutrale Sprache. Wenn keine neutrale Formulierung möglich ist, nennen wir die weibliche und die männliche Form. In Fällen, in denen wir aufgrund einer besseren Lesbarkeit nur ein Geschlecht nennen können, achten wir darauf, den unterschiedlichen Geschlechtsidentitäten gleichermaßen gerecht zu werden.

Autorschaft:	Anja Alwan, Kathrin Ebner
Covergestaltung:	TSA&B Werbeagentur GmbH, Hamburg
Illustrationen:	Thomas Binder, Christa Claessen (Seite 46)
Satz:	Satzpunkt Ursula Ewert GmbH, Bayreuth
Druck und Bindung:	Beltz Grafische Betriebe GmbH, Bad Langensalza

ISBN: 978-3-403-23235-3
www.persen.de

Inhaltsverzeichnis

Einleitung 4

5. Klasse

A Richtig schreiben

s-Laute
Lernzielkontrolle A (leicht) 5
Lernzielkontrolle B (schwer) 7

Groß- und Kleinschreibung
Lernzielkontrolle A (leicht) 9
Lernzielkontrolle B (schwer) 10

Lange und kurze Vokale
Lernzielkontrolle A (leicht) 12
Lernzielkontrolle B (schwer) 14

B Sprache untersuchen und Zeichensetzung

Wortarten I
Lernzielkontrolle A (leicht) 16
Lernzielkontrolle B (schwer) 18

Satzglieder – Subjekt, Prädikat und Objekt
Lernzielkontrolle A (leicht) 21
Lernzielkontrolle B (schwer) 23

Wörtliche Rede
Lernzielkontrolle A (leicht) 25
Lernzielkontrolle B (schwer) 27

Zeichensetzung
Lernzielkontrolle A (leicht) 29
Lernzielkontrolle B (schwer) 30

C Texte schreiben

Briefe schreiben
Lernzielkontrolle A (leicht) 31
Lernzielkontrolle B (schwer) 33

Zu Bildern erzählen
Lernzielkontrolle A (leicht) 35
Lernzielkontrolle B (schwer) 36

D Lesen

Erzähltexte – Märchen
Lernzielkontrolle A (leicht) 37
Lernzielkontrolle B (schwer) 39

Tabellen und Diagramme
Lernzielkontrolle A (leicht) 42
Lernzielkontrolle B (schwer) 44

6. Klasse

A Richtig schreiben

Schwierige Konsonantenverbindungen
Lernzielkontrolle A (leicht) 46
Lernzielkontrolle B (schwer) 47

Nominalisierungen
Lernzielkontrolle A (leicht) 48
Lernzielkontrolle B (schwer) 50

Worttrennungen und Lernstrategien
Lernzielkontrolle A (leicht) 52
Lernzielkontrolle B (schwer) 53

B Sprache untersuchen und Zeichensetzung

Wortarten II – Zeitformen des Verbs
Lernzielkontrolle A (leicht) 54
Lernzielkontrolle B (schwer) 56

Satzglieder – Adverbiale Bestimmungen und Attribute
Lernzielkontrolle A (leicht) 58
Lernzielkontrolle B (schwer) 60

Satzreihe und Satzgefüge
Lernzielkontrolle A (leicht) 62
Lernzielkontrolle B (schwer) 64

C Texte schreiben

Personenbeschreibung
Lernzielkontrolle A (leicht) 67
Lernzielkontrolle B (schwer) 69

Unfallbericht
Lernzielkontrolle A (leicht) 71
Lernzielkontrolle B (schwer) 73

D Lesen

Erzähltexte – Fabeln
Lernzielkontrolle A (leicht) 74
Lernzielkontrolle B (schwer) 76

Sachtexte
Lernzielkontrolle A (leicht) 78
Lernzielkontrolle B (schwer) 80

Tabellen und Diagramme
Lernzielkontrolle A (leicht) 82
Lernzielkontrolle B (schwer) 84

Lösungen 86

Einleitung

Heterogenität als Herausforderung

Individualisierung, Heterogenität, Kompetenzorientierung, gemeinsames Lernen, Differenzierung – das sind die großen Herausforderungen der Unterrichtsplanung und -umsetzung. Die zunehmende Heterogenität der Lerngruppen erfordert sowohl in integrativen als auch kooperativen Schulformen eine Differenzierung, um ein gemeinsames Lernen zu ermöglichen. Die Ausgangsbedingungen für das Lernen sind sehr unterschiedlich. Bereits seit den 1970er-Jahren steht der Grundsatz der Chancengleichheit im Zentrum der Bildungspolitik. So haben die Bildungseinrichtungen die unterschiedlichen Lernausgangslagen, Interessen, Motivationen und Fähigkeiten der Lernenden zu berücksichtigen, indem sie den Unterricht individualisieren und differenzieren. Aber nicht nur der Unterricht muss auf die unterschiedliche Lerngeschwindigkeit, Interessenslage, Motivationen und Lernvoraussetzungen der Schülerinnen und Schüler abgestimmt werden, sondern auch die Leistungsmessungen.

Einsatz der Lernzielkontrollen

Die Lernzielkontrollen dieses Heftes decken die folgenden Kompetenzbereiche der Bildungsstandards Deutsch ab:
- Schreiben
- Lesen und Rezipieren – mit literarischen und unliterarischen Texten/Medien umgehen
- Sprache und Sprachgebrauch untersuchen und reflektieren

Die Lernzielkontrollen enthalten die grundlegenden Themen der Klasse 5 und 6. Die Tests eignen sich einerseits dazu die Lernausgangssituation abzufragen oder aber den Lernstand zu überprüfen (z. B. vor einer Klassenarbeit). Allgemein erfolgte die Konzeption und Differenzierung der Lernzielkontrollen im Hinblick auf die Kompetenz-Anforderungsbereiche von Haupt- und Realschülern. Sie können aber auch in höheren Jahrgangsstufen (z. B. zur Wiederholung) eingesetzt werden.

Neben der Leistungsüberprüfung wird durch die Lernstandserhebungen den Lehrenden, Lernenden und den Eltern der Förderbedarf aufgezeigt, sodass gezielte und individuelle Fördermaßnahmen eingeleitet werden können.

Mithilfe der Lösungsseiten soll das Korrigieren erleichtert werden. Neben Musterlösungen gibt es Anregungen für individuelle Schülerlösungen sowie Checklisten. Die leichten Lernzielkontrollen sind in der Kopfzeile mit A, die schweren mit B gekennzeichnet.

Aufbau der einzelnen Lernzielkontrollen

Es wurde versucht die Lernzielkontrollen so zu gestalten, dass die Schülerinnen und Schüler die Aufgaben direkt auf dem Arbeitsblatt lösen können.

Des Weiteren haben sich die Autorinnen darum bemüht, die Lernzielkontrollen in beiden Differenzierungsstufen ähnlich aufzubauen. Die Aufgabenstellungen berücksichtigen die verschiedenen Kompetenzstufen:
- Kompetenzstufe 1: Reproduktion (z. B. Abfragen von Regelwissen)
- Kompetenzstufe 2: Reorganisation (z. B. Anwendung von Regelwissen, einfache Schlussfolgerungen ziehen)
- Kompetenzstufe 3: Transfer (z. B. komplexe Schlussfolgerungen ziehen, einfache Probleme lösen)

Die Differenzierung erfolgt stets an denselben Inhalten bzw. Themenschwerpunkten. Dies soll Ihnen die Korrektur, aber auch den Vergleich erleichtern. Die Differenzierung erfolgt sowohl quantitativ als auch durch didaktische Reduktion (z. B. Unterschiedliche Voraussetzung von Fachbegriffen). Außerdem wurden zur Differenzierung verschiedene Aufgabenformate gewählt. Die leichte Variante greift oftmals Aufgaben im geschlossenen Format (z. B. Multiple-Choice-Aufgaben) bzw. Aufgaben im halboffenen Format (z. B. Vervollständigung von Lückentexten) auf, während in der schweren Variante häufig auch Aufgaben im offenen Format (z. B. Produktion eigener Texte) vorzufinden sind. An die beiden unterschiedlichen Schwierigkeitsgrade der Lernzielkontrollen sind dementsprechend unterschiedliche Kompetenzanforderungen bzw. -niveaus gekoppelt.

Es wurde bewusst auf eine vorgegebene Punktverteilung verzichtet. Die Lehrpersonen erhalten somit die Möglichkeit den Schwerpunkt der Lernzielkontrollen an ihre Lerngruppen anzupassen.

Wir hoffen, dass dieses Heft Ihnen Anregung und Unterstützung für eine differenzierte Leistungsabfrage bietet.

Anja Alwan und Kathrin Ebner

Lernzielkontrolle (A) Datum: _____
Thema: s-Laute (1) Name: _____

❶ **Ergänze die Lücken.**

Bei den s-Lauten unterscheidet man das _____ s und das _____ s.

Das _____ s klingt wie ein **Summen** (der Sand) und das _____ s

wird **zischend** ausgesprochen (der Kreis).

❷ **Kreuze die richtigen Antworten an.**

ss schreibe ich ...
○ nach einem langen betonten Vokal.
○ nach einem kurzen betonten Vokal.
○ bei stimmhaftem s-Laut.
○ bei stimmlosem s-Laut.

ß schreibe ich ...
○ bei stimmhaftem s-Laut.
○ bei stimmlosem s-Laut.
○ nach einem langen betonten Vokal.
○ nach einem kurzen betonten Vokal.

❸ **Schreibe zu den Bildern die Wörter auf.**

_____   _____   _____   _____   _____

❹ **s oder ss? Trage die fehlenden Buchstaben ein.**

Mau__   Rei__e   mü__en   Ku__

Ka__e   le__en   Bewei__   Wie__e

❺ **Bilde die Mehrzahl.**

Einzahl (Singular)	Mehrzahl (Plural)
das Haus	
die Meise	
der Kuss	
das Schloss	
der Gruß	

Lernzielkontrolle (A)	Datum: _____
Thema: s-Laute (2)	Name: _____

❻ Unterstreiche falsch geschriebene Wörter.

Wasser – Kasten – muß – Schloß – Schüsse – fasten – Schlüßel – lustig – Hoße

❼ a) Max schrieb in einer E-Mail „Fussball" statt „Fußball".
   Erkläre die richtige Schreibweise!

_____

_____

_____

b) Die Lehrerin strich Elaine im Diktat folgenden Fehler an: „Biße".
   Verbessere den Fehler und erkläre die richtige Schreibweise.

_____

_____

_____

_____

❽ Setze ein: s, ss oder ß?

Der Arzt mi__t meine Grö__e.

Ich kenne viele Hundera__en.

Meine Lehrerin versteht viel Spa__.

Die Hauptstadt von He__en ist Wiesbaden.

Wir bekommen im Flur neue Bodenflie__en.

Meine neue Blu__e hat bereits einen Ri__.

Der Gärtner gie__t die Ro__en im Schlo__garten.

Viele Mäu__e lieben Kä__e.

Ich liebe sü__e Spei__en.

Im Gra__ sitzen sü__e Ha__en.

Ein Zug entglei__te in der Nähe von Ka__el.

Grüne So__e ist mein Lieblinge__en.

Lernzielkontrolle (B)	Datum: _____
Thema: s-Laute (1)	Name: _____

❶ Welche drei Schreibweisen der s-Laute gibt es? Notiere jeweils ein Beispielwort.

a) _____

b) _____

c) _____

❷ Kreuze die richtigen Aussagen an.

○ ein stimmhafter s-Laut wird immer als s geschrieben.

○ ein stimmhafter s-Laut wird immer als ß geschrieben.

❸ Richtig oder falsch?

Aussagen	richtig	falsch
Nach einem langen Vokal oder nach einem Diphtong steht **s** oder **ß**.		
Nach einem langen Vokal oder nach einem Diphtong steht **s** oder **ss**.		
Nach einem langen Vokal oder nach einem Diphtong schreibt man den stimmlosen s-Laut mit **ß**.		
Nach einem kurzen betonten Vokal oder nach einem Diphtong schreibt man den stimmlosen s-Laut mit **ss**.		

❹ Ergänze die Lücken

bi__ig   hei__en   He__en   Nu__baum

Be__en   Mei__e   le__en   verge__lich

bei__en   Gru__   genie__en   me__en

ha__en   Grie__klö__e   rie__ig   zerri__en

Lernzielkontrolle (B)	Datum:
Thema: s-Laute (2)	Name:

❺ Bilde den Plural.

das Ergebnis –	das Zeugnis –
der Beweis –	der Atlas –
der Globus –	der Zirkus –

❻ s oder ß? Begründe deine Schreibweise.

a) Flo__

b) Gla__

c) Ku__

❼ Ergänze die Tabelle.

Zeitform Präsens	Zeitform Präteritum
wir schießen	
sie essen	
sie lässt	
ich vergesse	

5. Klasse

Lernzielkontrolle (A)	Datum: _____
Thema: Groß- und Kleinschreibung	Name: _____

❶ a) Ergänze die Regeln.

- Nomen/Substantive werden _____ geschrieben.
- Eigennamen, schreibt man _____ .

b) Kreuze an, welche Aussage richtig ist.

- ○ Satzanfänge schreibt man immer klein.
- ○ Satzanfänge werden großgeschrieben.
- ○ Satzanfänge werden mal groß- mal kleingeschrieben.

❷ Nenne drei Endungen, die dir helfen ein Wort als Nomen/Substantiv zu erkennen.

> Ärgernis, Faulheit, Freundlichkeit, Freundschaft, Verschwendung, Altertum, Heiterkeit, Bündnis

– _____   – _____   – _____

❸ Verbessere die Sätze. Schreibe in richtiger Groß- und Kleinschreibung.

a) ICH GEHE MIT DEM HUND DURCH DEN PARK SPAZIEREN.

_____

_____

b) ANNA IST DIE FREUNDSCHAFT ZU BEN SEHR WICHTIG.

_____

_____

❹ Finde in den Sätzen die Fehler. Unterstreiche sie grün.

a) Der Geist ponto lebt in einer Alten Kiste auf dem schloss hinter den Bergen.

b) Ritter Rotbart Küsste aus freundlichkeit die hand der Königin.

c) manchmal fahre ich im sommer mit Dem fahrrad zum See in frankfurt.

Lernzielkontrolle (B)

Thema: Groß- und Kleinschreibung (1)

Datum: _____

Name: _____

❶ Nenne drei Regeln zur Großschreibung von Wörtern.

- _____
- _____
- _____

❷ Nenne vier Endungen, die typisch für Nomen sind.

– _____ – _____ – _____ – _____

❸ Verbessere den Text. Schreibe ihn richtig ab. Achte dabei auf die richtige Groß- und Kleinschreibung.

ICH BIN HIER NUR DER HUND

ICH BIN GERADE VON EINEM LANGEN SPAZIERGANG GEKOMMEN. WIE IMMER WILL ICH MICH AUF MEINE DECKE LEGEN. MEINE NASE HAT ES SCHON BEMERKT. MEIN PLATZ IST BESETZT. ABER DAS IST DOCH MEIN EIGENTUM. ICH KNURRE LAUT. SO EINE GEMEINHEIT! DER NEUE MITBEWOHNER ODER MEIN FEIND HEISST PEET, EIN KLEINER SCHWARZER KATER. ICH HOFFE, DAS ALLES IST NUR EIN BÖSER TRAUM. WANN WACHE ICH ENDLICH AUF?

_____
_____
_____
_____
_____
_____
_____

Lernzielkontrolle (B)	Datum: _____
Thema: Groß- und Kleinschreibung (2)	Name: _____

❹ Erkläre, weshalb die unterstrichenen Wörter großgeschrieben werden.

a) Aus <u>Freundschaft</u> schenkt er mir eine Blume.

> Begründung: _____
> _____
> _____
> _____

b) Am 19. Mai geht <u>Peter</u> auf die angekündigte Klassenparty.

> Begründung: _____
> _____
> _____
> _____

c) <u>Jeden</u> Mittwoch treffen wir uns, um zu lernen.

> Begründung: _____
> _____
> _____
> _____

Lernzielkontrolle (A)

Thema: Lange und kurze Vokale (1)

Datum: _____

Name: _____

❶ Richtig oder falsch? Kreuze an.

Aussagen	richtig	falsch
Nach einem betonten kurzen Vokal folgen fast immer mehrere Konsonanten.		
Nach einem betonten kurzen Vokal schreibt man ck statt kk.		
Ein Doppelkonsonant folgt meistens nach einem langen Vokal.		
Manchmal kann auf einen betonten kurzen Vokal auch nur ein einziger Konsonant folgen.		
Ein Dehnungs-h kann einen kurzen Vokal kennzeichnen.		
Die langen Vokale i und u kann man als Doppelvokal schreiben.		
Die langen Vokale a, e, o schreibt man in einigen Wörtern als Doppelvokal.		

❷ Schreibe die passenden Wörter zu den Bildern.

Lernzielkontrolle (A)	Datum: _____
Thema: Lange und kurze Vokale (2)	Name: _____

❸ a) Kreuze richtige Aussagen an.

○ Nach einem kurzen betonten Vokal schreibt man tz.

○ Nach einem kurzen betonten Vokal schreibt man z.

○ Nach einem langen Vokal / Diphthong schreibt man z.

b) z oder tz? Setze ein.

He____e   Kreu____   Sa____   Hei____ung   Ka____e   Schnau____e

❹ Ergänze die Lücken richtig.

a) kurze Vokale

Der Ba____(l/ll) rollt auf die Straße.

Der Lehrer wirft mir böse Bli____(ck/k)e zu.

Im Sommer gehen wir oft schwi____(m/mm)en.

b) lange Vokale

Am Auto hängt eine rote Fa_____(a/h)ne.

Heute ist ein schöner T____(a/aa/ah)g.

Maria hat eine gute Id ____ (e/ee/eh).

Lernzielkontrolle (B)	Datum: _____
Thema: Lange und kurze Vokale (1)	Name: _____

❶ Richtig oder falsch? Kreuze an.

Aussagen	richtig	falsch
Nach einem betonten kurzen Vokal folgen fast immer mehrere Konsonanten.		
Nach einem betonten kurzen Vokal schreibt man ck statt kk.		
Ein Doppelkonsonant folgt meistens nach einem langen Vokal.		
Manchmal kann auf einen betonten kurzen Vokal auch nur ein einziger Konsonant folgen.		

❷ Vervollständige die Merksätze

Die lang gesprochenen Vokale ___, ___, ___ und ___ werden meistens als einfache Buchstaben geschrieben. Ein langer Vokal kann in manchen Wörtern auch durch ein _____ gekennzeichnet werden (zum Beispiel: Kohle). Man schreibt lang gesprochene i-Laute mit _____. Es werden nur ganz wenige Wörter mit ih geschrieben. Ein langes a, e, o schreibt man in einigen Wörtern als _____ (zum Beispiel: Moor). Umlaute schreibt man nie doppelt (zum Beispiel: _____)

❸ a) Begründe mit deinem Regelwissen die folgenden Schreibweisen:

Wort	Begründung
die **Tatze**	
das **Kreuz**	

b) z oder tz? Setze ein.

He____e   Ran___en   Sa____   Kan__lerin   Ka___e   Hei___ung

schü___en   Wi__e   Kon__ert   verle___en   Schnau___e   pflan___en

Lernzielkontrolle (B)	Datum: _____
Thema: Lange und kurze Vokale (2)	Name: _____

❹ a) Erkläre die Bedeutung der Wörter „wider" und „wieder" anhand von Beispielsätzen.

_____

_____

_____

b) Entscheide: wider oder wieder?

Der Schüler w___derspricht dem Lehrer.

Ich werde morgen meine Tante nach langer Zeit w___dersehen.

Papa kann der Schokolade nicht w___derstehen.

Die Ergebnisse spiegeln die Fähigkeiten der Schüler w___der.

❺ Ergänze die Lücken richtig.

a) Der Ba_____ rollt auf die Straße.

b) Im Sommer komme ich schnell ins Schwi_____en.

c) Am Auto hängt eine rote Fa_____ne.

d) Heute ist ein schöner T__g.

e) Der Lehrer wirft mir böse Bli_____e zu.

f) Maria hat eine tolle Id_____.

g) Am liebsten schle_____e ich Erdbeereis.

h) Linda hat i__ren Schulranzen vergessen.

Lernzielkontrolle (A)	Datum: _____
Thema: Wortarten I (1)	Name: _____

❶ Ergänze das Regelwissen.

_____ bezeichnen Lebewesen, Dinge und Gefühle. Sie werden _____. Vor einem

_____ kann man immer der, _____ oder _____ setzen. Diese Begleiter nennt man

_____.

❷ Richtig oder falsch? Kreuze an.

Aussagen	richtig	falsch
Verben werden immer kleingeschrieben.		
Verben kann man nicht konjugieren.		
Adjektive beschreiben Eigenschaften und Merkmale von Lebewesen und Gegenständen.		
Adjektive werden großgeschrieben.		

❸ Ergänze die Lücken.

Genus	Singular	Plural
	das Rad	
		die Spatzen
	die Tasche	
		die Häuser

❹ Ergänze die Fragewörter und bestimme den Fall (Kasus) der unterstrichenen Wörter.

Sätze	Fragewörter	Kasus
Der Klassenraum der Klasse 5a ist weihnachtlich geschmückt.		
Von den Kindern wird ein Adventskalender aufgehängt.		
Die Lehrerin schenkt der Klasse einen Adventskranz.		
Tom zündet die erste Kerze des Adventskranzes an.		
Alle singen zusammen ein Weihnachtslied.		

Lernzielkontrolle (A)	Datum: _____
Thema: Wortarten I (2)	Name: _____

❺ Ersetze die unterstrichenen Nomen durch Pronomen.

Mein Hund ist drei Jahre alt und heißt Paule. Mein Hund (_____) frisst am liebsten getrocknetes Rindfleisch. Die Nachbarskinder spielen gern mit Paule. Die Nachbarskinder (_____) leihen sich ihn auch gern mal für einen Nachmittag aus. Sein Zuhause möchte Paule aber gegen nichts eintauschen. Sein Zuhause (_____) bedeutet ihm einfach alles.

❻ Ergänze die fehlenden Steigerungsformen.

Positiv (Grundform)	Komparativ (Vergleichsstufe)	Superlativ (Höchststufe)
	dünner	
		am schönsten
süß		
gefährlich		
	mehr	
tot		

❼ Bestimme die Zeitformen des Verbes (Tempus).

Sätze	Tempus
Letzte Woche bekam Max einen Brief.	
Vorhin hat er einen langen Brief geschrieben.	
Jetzt bringt er ihn gleich zur Post.	
Max muss noch eine Briefmarke kaufen.	

❽ Ergänze die Verbformen und kreuze an, ob es sich um ein schwaches oder starkes Verb handelt.

	Präsens	Präteritum	starkes Verb	schwaches Verb
ich	gehe			
du	rennst			
er, sie, es	lacht			
wir	singen			
ihr	packt			
sie	kämmen			

Lernzielkontrolle (B)	Datum: _____
Thema: Wortarten I (1)	Name: _____

❶ Richtig oder falsch? Kreuze an.

Aussagen	richtig	falsch
Nomen bezeichnen Lebewesen, Gegenstände und Gefühle.		
Nomen werden großgeschrieben.		
Vor einem Nomen steht immer direkt ein Artikel.		
Bei Nomen kann man immer einen Artikel ergänzen.		
Verben werden immer kleingeschrieben.		
Verben kann man nicht konjugieren.		
Adjektive beschreiben Eigenschaften und Merkmale von Lebewesen und Gegenständen.		
Adjektive werden großgeschrieben.		

❷ Bestimme Genus und Numerus der fett gedruckten Wörter.

das Schwert = _____   **die Spatzen** = _____

die Maus = _____   die Sieger **der Vereine** = _____

das Körbchen **der Katze** = _____   **das Fass** = _____

❸ a) Setze die Nomen in den richtigen Fall.

b) Notiere in Klammer die Fragewörter und den Kasus.

Der Klassenraum _____ (die Klasse 5a) ist weihnachtlich geschmückt.

(_____) Von den Kindern wird _____ (ein

Adventskalender) aufgehängt. (_____) Die Lehrerin schenkt

_____ (die Klasse) einen Adventskranz. (_____)

Tom zündet die erste Kerze _____ (der Adventskranz) an.

(_____) Alle singen zusammen _____

(ein Weihnachtslied) (_____).

Lernzielkontrolle (B)	Datum: _____
Thema: Wortarten I (2)	Name: _____

④ Überarbeite den Text, indem du Nomen durch Pronomen ersetzt. Schreibe die Sätze verbessert auf die Linien.

Mein Hund ist drei Jahre alt und heißt Paule. Mein Hund frisst am liebsten getrocknetes Rindfleisch. Die Nachbarskinder spielen gern mit Paule. Die Nachbarskinder leihen sich ihn auch gern mal für einen Nachmittag aus. Sein Zuhause möchte Paule aber gegen nichts eintauschen. Sein Zuhause bedeutet ihm einfach alles.

_____
_____
_____
_____
_____
_____
_____
_____

⑤ a) Nenne die Fachbegriffe der Steigerungsformen.

größer = _____   schnell = _____

am schönsten = _____

b) Steigere die Adjektive, wenn es möglich ist.

viel		
gut		
leer		
gefährlich		
tot		

Lernzielkontrolle (B)	Datum: _____
Thema: Wortarten I (3)	Name: _____

❻ Unterstreiche in jedem Satz das Verb und bestimme das Tempus.

Sätze	Tempus
Letzte Woche bekam Max einen Brief.	
Vorhin hat er einen langen Brief geschrieben.	
Jetzt bringt er ihn gleich zur Post.	
Max muss noch eine Briefmarke kaufen.	

❼ Ergänze die Verbformen und kreuze an, ob es sich um ein schwaches oder starkes Verb handelt.

	Präsens	Perfekt	Präteritum	starkes Verb	schwaches Verb
ich	gehe				
du	rennst				
er, sie, es	lacht				
wir	singen				
ihr	packt				
sie	waschen				

Lernzielkontrolle (A)	Datum: _____
Thema: Satzglieder – Subjekt, Prädikat und Objekt (1)	Name: _____

❶ Mit welchen Fragen kannst du folgende Satzglieder in einem Satz bestimmen? Kreuze an.

Satzglieder	Fragen
Subjekt	○ Was tut er/sie/es? ○ Wer oder was? ○ Wem?
Prädikat	○ Wer oder was? ○ Wo? ○ Was tut er/sie/es?
Akkusativobjekt	○ Wen oder was? ○ Wem? ○ Wer oder was?
Dativobjekt	○ Wo? ○ Wen oder was? ○ Wem?

❷ Mache die Umstellprobe. Stelle jeden Satz einmal sinnvoll um.

Anton sitzt an seinem Schreibtisch mit vielen Büchern.

_____

_____.

Er hat heute viele Hausaufgaben zu erledigen.

_____

_____.

❸ Was ist der Sinn der Umstellprobe? Kreuze an, was richtig ist.

○ Durch die Umstellprobe verändert sich der Sinn des Satzes.
○ Mithilfe der Umstellprobe können Satzglieder ermittelt werden.
○ Die Umstellprobe hat keinen tieferen Sinn.

❹ Trenne die Satzglieder ab.

Mein Bruder leiht mir sein Fahrrad.

Lernzielkontrolle (A)	Datum: _____
Thema: Satzglieder – Subjekt, Prädikat und Objekt (2)	Name: _____

❺ Schreibe die vollständige Frage auf, mit der du dieses Satzglied ermittelt hast.

   a) **Prädikat:**

   Lena **feiert** ihren Geburtstag mit Freunden im Frankfurter Zoo.

   → Frage: _____

   _____

   b) **Akkusativobjekt:**

   Kai verliert auf dem Schulweg **sein Handy**.

   → Frage: _____

   _____

   c) **Subjekt:**

   Den zahmen Kaninchen bringen **die Kinder** jeden Tag frischen Löwenzahn mit.

   → Frage: _____

   _____

❻ Bestimme die Satzglieder folgender Sätze. Ergänze dafür die Tabelle.

   a) Die Lehrerin backt der Klasse einen Kuchen.

   b) Dieter Bohlen gibt dem Sänger eine gute Bewertung.

Satz	Subjekt	Prädikat	Akkusativobjekt	Dativobjekt
a)				
b)				

Lernzielkontrolle (B)

Thema: Satzglieder – Subjekt, Prädikat und Objekt (1)

Datum: _____

Name: _____

❶ Was wird hier gesucht?

- Wer das <u>Prädikat</u> eines Satzes sucht, stellt folgende Frage:

  _____

- Unterstreiche das <u>Akkusativobjekt in jedem Satz</u> grün:

  Anne feierte gestern Geburtstag. Sina schenkte ihr einen Geburtstagskuchen mit zwölf Kerzen.

- Durch das Fragewort **„Wem?"** wird folgendes Satzglied ermittelt:

  _____

❷ Mache die Umstellprobe. Schreibe die Sätze in zwei weiteren Varianten auf.

Heute sitzt Anton an seinem großen Schreibtisch mit vielen Büchern.

_____

_____

Er hat heute viele Hausaufgaben zu Hause zu erledigen.

_____

_____

Er würde aber viel lieber mit seinen Freunden im Park Fußball spielen.

_____

_____

❸ Was ist der Sinn der Umstellprobe? Erkläre mit eigenen Worten.

Lernzielkontrolle (B)	Datum: _____
Thema: Satzglieder – Subjekt, Prädikat und Objekt (2)	Name: _____

❹ Trenne die Satzglieder ab. Bestimme danach alle Satzglieder!

Mein Bruder leiht mir sein Fahrrad.

_____

_____

❺ Unterstreiche im Satz das gesuchte Satzglied. Schreibe danach die Frage auf, mit der du dieses Satzglied ermittelt hast.

a) Unterstreiche das Prädikat:

Lena hat ihren Geburtstag mit Freunden am See gefeiert.

→ Frage: _____

_____

b) Unterstreiche das Subjekt:

Auf dem Schulweg verliert Kai sein Handy.

→ Frage: _____

_____

c) Unterstreiche das Akkusativobjekt:

Den zahmen Kaninchen bringen die Kinder jeden Tag frischen Löwenzahn mit.

→ Frage: _____

_____

❻ Bilde aus den angegebenen Stichworten zwei Sätze. Fülle anschließend die Tabelle aus.

- Die Lehrerin
- Dieter Bohlen

- der Klasse
- dem Sänger

- verteilt
- gibt

- eine gute Bewertung
- die Deutscharbeiten

1. _____

2. _____

Subjekt	Prädikat	Akkusativobjekt	Dativobjekt
1.			
2.			

Lernzielkontrolle (A)

Thema: Wörtliche Rede (1)

Datum: _____

Name: _____

❶ Kreuze die richtigen Aussagen an.

○ Bei der wörtlichen Rede werden die Anführungszeichen nur oben gesetzt.

○ Bei der wörtlichen Rede kann man Anführungszeichen setzen, muss man aber nicht.

○ Bei der wörtlichen Rede werden die Anführungszeichen am Anfang unten und am Ende oben gesetzt.

○ Nach der wörtlichen Rede kann ein Punkt, Komma, Ausrufezeichen oder Fragezeichen folgen.

❷ Nenne vier andere Wörter für *sagen*:

_____   _____

_____   _____

❸ In diesen Tieraussagen fehlen alle Anführungszeichen. Ergänze sie.

a) Ich liebe es durch die Felder zu rennen   , piepst der Hamster.

b) Der Löwe brüllt durch den Zoo: Ich habe tierischen Hunger.

c) Dieses Mal kriege ich die Katze , bellt der Hund , und wenn es das Letzte ist, was ich tue!

❹ Ergänze die Sätze, indem du die Aussagen in der wörtlichen Rede einsetzt.

a) [Sprechblase: „Ich habe vergessen Mehl einzukaufen."]

Frau Seul sagt _____

b) [Sprechblase: „Ich muss noch mehr für die Deutscharbeit lernen."]

_____ denkt Lena.

c) [Sprechblase: „Wir gehen jetzt in den Park und treffen dort deine liebste Pudelhündin."]

_____ erzählt Herr Franke _____

Lernzielkontrolle (A)

Thema: Wörtliche Rede (2)

Datum: _____

Name: _____

❺ Ergänze und verbessere in den folgenden Sätzen die Anführungszeichen.

a) „Ich kaufe ein neues Handy , sagt Anna zu ihrem Freund Maik.

b) Schon wieder so viele Hausaufgaben, „denkt Max", „ich weiß gar nicht, wie ich das alles schaffen soll".

Lernzielkontrolle (B)	Datum: _____
Thema: Wörtliche Rede (1)	Name: _____

❶ Kreuze die richtigen Aussagen an.

○ Die wörtliche Rede besteht immer aus einem Redesatz. Es kann auch noch ein Begleitsatz folgen.
○ Der Begleitsatz kann vor, nach oder zwischen der wörtlichen Rede stehen.
○ Der Begleitsatz verdeutlicht den Sinn der wörtlichen Rede.
○ Durch den Begleitsatz kann deutlich werden, wer spricht.
○ Die Anführungszeichen bei der wörtlichen Rede stehen immer oben.

❷ Was ist im Text der Sinn der wörtlichen Rede?

❸ Nenne sechs andere Wörter für *sagen*.

_____   _____

_____   _____

_____   _____

❹ a) Unterstreiche alle Redebegleitsätze blau.

b) Setze alle fehlenden Satzzeichen ein. („", ? ! :)

Ich habe so Lust auf leckere Spaghetti Bolognese stöhnt Charlie. Wir müssen erst einmal einkaufen gehen antwortet Anna denn der Kühlschrank ist leer. Charlie fragt seine Freundin Kannst du nicht schnell die Zutaten besorgen Lass uns heute doch mal zum besten italienischen Restaurant der Stadt gehen schlägt Anna daraufhin vor.

Lernzielkontrolle (B)

Thema: Wörtliche Rede (2)

Datum: _____

Name: _____

5 Verbessere in folgenden Sätzen alle Rede- und Satzzeichen.

a) „Ich kaufe ein neues Handy   sagt Anna zu ihrem Freund Maik.

_____
_____
_____

b) Schon wieder so viele Hausaufgaben, „denkt Max", „ich weiß gar nicht, wie ich das alles schaffen soll"

_____
_____
_____

c) Jessica fragt Ist die Lehrerin heute krank „

_____
_____
_____

Lernzielkontrolle (A)

Thema: Zeichensetzung

Datum: _____

Name: _____

❶ Entscheide, ob folgende Aussagen richtig oder falsch sind.

a) Nach einem Aussagesatz folgt ein Punkt. ○ Richtig ○ Falsch

b) Mit einem Fragesatz macht man eine Aussage. ○ Richtig ○ Falsch

c) Nach einer Aufforderung schreibt man ein Ausrufezeichen. ○ Richtig ○ Falsch

❷ Setze die passenden Satzzeichen ein.

Silvia ging gestern mit ihrem Hund spazieren ☐

Im Park hat ihr Hund Struppi plötzlich einen Hasen gesehen ☐

Wo will Struppi nur hin ☐

Doch alles Rufen von Silvia war umsonst ☐

Ob der Hase ihm wohl entkommen ist ☐

Eine Minute später kam Struppi zurück ☐

„Struppi, mach so etwas nie wieder ☐"

❸ Kreuze die richtigen Aussagen an.

○ Bei Aufzählungen steht vor und & oder kein Komma.

○ Ein Komma kann durch „und" ersetzt werden.

○ Nach einer Aneinanderreihung von Wörtern steht kein Komma.

❹ Setze ein Komma falls nötig.

a) In der Zoohandlung kann man Hamster Kaninchen Vögel Schlangen und Fische kaufen.

b) Peter Marie Max Lennart und Pia haben sich im Urlaub kennengelernt.

c) Ich habe heute aus dem Kleiderschrank meine blaue Jeans den kuscheligen Winterpullover und den gelben Schal aussortiert.

Lernzielkontrolle (B)

Thema: Zeichensetzung

Datum: _____

Name: _____

❶ Entscheide, ob folgende Aussagen richtig oder falsch sind.

a) Nach einem Aussagesatz folgt ein Punkt.   ◯ Richtig   ◯ Falsch

b) Mit einem Fragesatz macht man eine Aussage.   ◯ Richtig   ◯ Falsch

c) Nach einer Aufforderung schreibt man ein Ausrufezeichen.   ◯ Richtig   ◯ Falsch

d) Bei Aufzählungen steht vor „und" oder „oder" ein Komma.   ◯ Richtig   ◯ Falsch

❷ Erkläre die Kommaregeln bei Aufzählungen in eigenen Worten.

❸ Verbessere die Kommafehler.

a) In der Zoohandlung, kann man Hamster Kaninchen Vögel Schlangen und, Fische kaufen.

b) Ich habe heute meine große, Schwester ihren besten Freund, und eine alte Nachbarin auf der Straße getroffen.

c) Am liebsten, lese ich in dem alten dicken von der Großmutter, stammenden Märchenbuch.

❹ Setze alle fehlenden Satzzeichen ein.

Lena ging gestern mit ihrem Hund spazieren Im Park hat ihr Hund Struppi andere Hunde einige Pferde viele Kinder und plötzlich auch einen Hasen gesehen Wo ist Struppi Doch alles Rufen von Lena war umsonst Ob der Hase ihm wohl entkommen ist Eine Minute später kam Struppi wieder zurück Da hat der Hase heute noch einmal Glück gehabt

Lernzielkontrolle (A)	Datum: _____
Thema: Briefe schreiben (1)	Name: _____

❶ Einen privaten Brief schreibt man,

○ wenn man sich für etwas entschuldigen möchte.

○ wenn man seine Versicherung kündigt.

○ wenn man mit jemandem Kontakt halten möchte.

○ wenn man sich bei Fragen an ein Reisebüro wendet.

❷ Beschrifte folgenden Briefumschlag.

Absender:
Sternenstraße 3 – 98754 Planetenhausen – Elina Sonnenhut

Adresse:
Frau Bäumchen – 67543 Waldhausen – Tannenweg 7

Lernzielkontrolle (A)

Thema: Briefe schreiben (2)

Datum: _____

Name: _____

❸ Ordne die Kriterien eines privaten Briefes richtig zu.

☐ Grußformel ☐ Ort und Datum ☐ Anrede ☐ Unterschrift ☐ Brieftext

① _____

② _____,

③ _____
_____
_____
_____
_____
_____
_____
_____
_____

④ _____

⑤ _____

❹ Entscheide, ob du die Pronomen groß- oder kleinschreiben musst.

Sehr geehrte Frau Sonnenhut,

ich danke _____ (IHNEN) für _____ (UNSER) letztes Gespräch. Seitdem kann ich dank _____ (IHRER) guten Ratschläge viel besser mit _____ (MEINEM) Sohn und _____ (SEINEN) Launen umgehen. Ich habe bereits ein gutes Gespräch mit _____ (IHM) geführt. Hätten _____ (SIE) nächste Woche Zeit für ein weiteres Treffen?

Mit freundlichen Grüßen

Frau Bäumchen

❺ a) Notiere dir zunächst Stichworte (z. B. in Cluster oder Mindmap) zum Thema „Meine neue Schule".

Schreibideen: neue Lehrer – Fächer – das Schulgebäude – der Stundenplan – meine neue Klasse – die Einschulungsfeier

b) Schreibe einen Brief an deine ehemalige Klassenlehrerin und erzähle ihr von deiner neuen Schule. Beachte dabei die formalen Kriterien eines Briefes.

Lernzielkontrolle (B)	Datum: _____
Thema: Briefe schreiben (1)	Name: _____

❶ Nenne drei Anlässe für einen privaten Brief.

_____

_____

_____

❷ Beschrifte folgenden Briefumschlag.

Absender: deine eigene Adresse
Adresse: Tannenweg 7 – Frau Bäumchen – 67543 Waldhausen

```
┌─────────────────────────────────────────────┐
│                                             │
│                                             │
│                                             │
│                                             │
│                                             │
│                                             │
│                                             │
│                                             │
└─────────────────────────────────────────────┘
```

❸ Fülle die Lücken aus. Achte auf die richtige Schreibweise der Anredepronomen.

Sehr geehrte Frau Sonnenhut,

ich danke _____ für _____ letztes Gespräch. Seitdem kann ich dank _____ guten Ratschläge

viel besser mit _____ Sohn und _____ Launen umgehen. Ich habe bereits ein gutes Gespräch mit

____ geführt. Jetzt bräuchte ich noch mal erneut _____ Hilfe wegen _____ Tochter. Ich beobachte

in letzter Zeit, dass _____ nach der Schule sehr erschöpft nach Hause kommt.

Hätten _____ nächste Woche Zeit für ein weiteres Treffen?

Mit freundlichen Grüßen

Frau Bäumchen

| Lernzielkontrolle (B) | Datum: _____ |
| Thema: Briefe schreiben (2) | Name: _____ |

❹ Kreuze an.

Anreden und Schlussformeln	privater Brief	offizieller Brief
Sehr geehrte Damen und Herren,		
Viele Grüße		
Liebe Lisa,		
Mit freundlichen Grüßen		

❺ Ergänze die formalen Kriterien eines privaten Briefes.

① _____
② _____,
③ _____
_____
_____
_____
_____
_____
_____
_____
_____
_____
④ _____
⑤ _____

① _____   ② _____   ③ _____
④ _____   ⑤ _____

❻ a) Notiere dir zunächst Stichworte (z. B. in Cluster oder Mindmap) zum Thema „Meine neue Schule".

b) Schreibe einen Brief an deine ehemalige Klassenlehrerin und erzähle ihr von deiner neuen Schule. Beachte dabei die formalen Kriterien eines Briefes.

Lernzielkontrolle (A)	Datum: _____
Thema: Zu Bildern erzählen	Name: _____

Die 6-jährigen Zwillinge Lilo und Max besuchten an einem heißen Sommerferientag das Millbacher Freischwimmbad.

❶ Beantworte in Stichworten die folgenden W-Fragen:

Einleitung (Bild 1)

Wer? _____

Wann? _____

Wo? _____

Was? _____

Hauptteil (Bild 2, 3, 4, 5)

Was passierte genau? _____

_____

Warum passierte es? _____

_____

Schluss (Bild 6)

Welche Folgen? _____

_____

❷ Schreibe mithilfe deiner Stichworte die Bildergeschichte aus der Sicht von Lilo.

❸ Formuliere eine eigene Überschrift.

Lernzielkontrolle (B)	Datum: _____
Thema: Zu Bildern erzählen	Name: _____

Die 6-jährigen Zwillinge Lilo und Max besuchten an einem heißen Sommerferientag das Millbacher Freischwimmbad.

❶ Ordne die Bilder in der richtigen Reihenfolge.

❷ Notiere zu den einzelnen Bildern Stichworte und erstelle dir mithilfe der W-Fragen ein Schreibkonzept.

❸ Schreibe mithilfe deiner Stichworte die Bildergeschichte aus der Sicht von Lilo.

❹ Formuliere eine eigene Überschrift.

Lernzielkontrolle (A) Datum: _____

Thema: Erzähltexte – Märchen (1) Name: _____

Vom dicken fetten Pfannekuchen

❶ **Lies den Text. Kreuze die richtigen Aussagen an.**

a) Wer wollte gern Pfannekuchen essen?
- ○ vier alte Herren
- ○ drei junge Mädchen
- ○ drei alte Weiber

b) Wie fühlten sich die Kinder?
- ○ müde
- ○ hungrig
- ○ fröhlich

c) Wie wird der Pfannekuchen von allen Tieren angesprochen?
- ○ großer, dicker Pfannekuchen
- ○ fetter, lieber Pfannekuchen
- ○ dicker, fetter Pfannekuchen

d) Wie viele Kinder begegneten dem Pfannekuchen?
- ○ vier
- ○ zwei
- ○ drei

❷ **Welches Tier traf der Pfannekuchen als erstes auf seinem Weg? Kreise ein.**

Hund – Wildschwein – Kaninchen – Häschen

❸ **Kreuze an, ob die Aussagen richtig oder falsch sind.**

Aussagen	richtig	falsch
Die Erste gab Milch, die Zweite ein Ei und die Dritte Fett und Mehl.		
Der Wolf will den Pfannekuchen fressen.		
Dem Pfannekuchen begegneten auf seinem Weg fünf Tiere.		
Der Pfannekuchen lief immerzu in das Feld hinein.		
Die Kinder haben keine Eltern mehr.		
Der Pfannekuchen rannte vor den Kindern weg.		

Lernzielkontrolle (A)

Thema: Erzähltexte – Märchen (2)

Datum: _____

Name: _____

❹ Beantworte die Fragen. Füge ein.

a) Was tat der Pfannekuchen, nachdem er fertig gebacken war?

Als der Pfannekuchen fertig war, _____ er sich in der _____

in die _____ und _____ weg.

b) Welchen Satz riefen alle Tiere zum Pfannekuchen?

„Dicker, fetter Pfannekuchen, _____

_____!"

c) Was passiert am Ende des Märchens mit dem Pfannekuchen?

Der Pfannekuchen rannte _____ weg, sondern sprang _____

und ließ sich von den Kindern _____ .

❺ Kreuze an, welche typischen Märchenmerkmale auf das Märchen „Vom dicken fetten Pfannekuchen" zutreffen.

○ Märchenanfang mit einer Einleitungsformel (Es war(en) einmal ...)

○ Gegensätze (gut/böse, schön/hässlich)

○ Märchengestalten haben keine Namen

○ Fabelwesen (Zauberer, Hexen, sprechende Gegenstände und Tiere)

○ Wiederholung von Sprüchen oder Zauberformeln

○ Magische Zahlen (3, 7, 12)

○ Märchenende mit Schlussformel (Und wenn sie nicht gestorben sind ...)

○ Märchen stehen in der Regel im Präteritum.

Lernzielkontrolle (B)	Datum: _____
Thema: Erzähltexte – Märchen (1)	Name: _____

Vom dicken fetten Pfannekuchen

❶ Lies den Text. Kreuze die richtigen Aussagen an.

a) Wer wollte gern Pfannekuchen essen?
   ○ vier alte Herren
   ○ drei junge Mädchen
   ○ drei alte Weiber

b) Wohinein lief der Pfannekuchen immerzu?
   ○ in ein Nachbarhaus
   ○ in den Wald
   ○ in die nächste Stadt

c) Welche Zutaten gaben die drei Weiber?
   ○ Milch, Mehl, Ei, Fett
   ○ Milch, Zucker, Mehl
   ○ Milch, Wasser, Mehl

d) Wie wird der Pfannekuchen von allen Tieren angesprochen?
   ○ großer, dicker Pfannekuchen
   ○ fetter, lieber Pfannekuchen
   ○ dicker, fetter Pfannekuchen

e) Welches Tier begegnete dem Pfannekuchen zuletzt?
   ○ ein Wolf
   ○ ein Reh
   ○ eine Sau

f) Wie fühlten sich die Kinder?
   ○ müde
   ○ hungrig
   ○ fröhlich

❷ In welcher Reihenfolge begegnete der Pfannekuchen den Tieren. Ordne die Tiere der richtigen Reihenfolge nach.

Häschen, Wolf, Reh, Kuh, Sau

❸ Finde die Fehler und schreibe die Sätze richtig auf.

a) Die Erste gab Milch, die Zweite ein Ei und die Dritte Fett und Mehl.

_____

_____

b) Da begegnete ihm ein Häschen, das sagte: „Dicker, fetter Pfannekuchen, bleib stehn, ich will dich fressen!"

_____

_____

c) Da kam eine Sau angeschlichen und schrie: „Dicker, fetter Pfannekuchen, bleib stehn, ich will mit dir reden!"

_____

_____

Lernzielkontrolle (B)	Datum: _____
Thema: Erzähltexte – Märchen (2)	Name: _____

❹ Was tat der Pfannekuchen, nachdem er fertig gebacken war?

_____

❺ Welchen Satz riefen alle Tiere zum Pfannekuchen?

_____

❻ Erkläre die Bedeutung des Wortes „dahergefegt".

_____

❼ Warum rannte der Pfannekuchen vor den Kindern nicht weg und ließ sich fressen?

_____

_____

❽ Nenne drei typische Märchenmerkmale, die auf das Märchen „Vom dicken fetten Pfannekuchen" zutreffen und belege sie am Text.

Märchenmerkmale allgemein	Märchenmerkmale am Beispiel „Vom dicken fetten Pfannekuchen"	Zeile

Lesetext Lernzielkontrolle Märchen

Vom dicken fetten Pfannekuchen (Volksmärchen)

1 Es waren einmal drei alte Weiber, welche gern Pfannekuchen essen wollten; da gab die Erste ein Ei
2 dazu her, die Zweite Milch und die Dritte Fett und Mehl.

3 Als der dicke fette Pfannekuchen fertig war, richtete er sich in der Pfanne in die Höhe und lief weg
4 und lief immerzu und lief kantapper, kantapper in den Wald hinein.

5 Da begegnete ihm ein Häschen, das rief: „Dicker, fetter Pfannekuchen, bleib stehn, ich will dich
6 fressen!" Der Pfannekuchen antwortete: „Ich bin drei alten Weibern weggelaufen und soll dir
7 Häschen Wippschwanz nicht entwischen?" und lief kantapper, kantapper in den Wald hinein.

8 Da kam ein Wolf angelaufen und rief: „Dicker, fetter Pfannekuchen, bleib stehn, ich will dich fressen!"
9 Der Pfannekuchen antwortete: „Ich bin drei alten Weibern weggelaufen und Häschen Wippschwanz
10 und soll dir Wolf Dickschwanz nicht entwischen?" und lief kantapper, kantapper in den Wald hinein.

11 Da kam ein Reh herzugesprungen und rief: „Dicker, fetter Pfannekuchen, bleib stehn, ich will
12 dich fressen!" Der Pfannekuchen antwortete: „Ich bin drei alten Weibern weggelaufen, Häschen
13 Wippschwanz, Wolf Dickschwanz und soll dir Reh Blitzschwanz nicht entwischen?" und lief
14 kantapper, kantapper in den Wald hinein.

15 Da kam eine Kuh herbeigerannt und rief: „Dicker, fetter Pfannekuchen, bleib stehn, ich will
16 dich fressen!" Der Pfannekuchen antwortete: „Ich bin drei alten Weibern weggelaufen, Häschen
17 Wippschwanz, Wolf Dickschwanz, Reh Blitzschwanz und soll dir Kuh Schwippschwanz nicht
18 entwischen?" und lief kantapper, kantapper in den Wald hinein.

19 Da kam eine Sau dahergefegt und rief: „Dicker, fetter Pfannekuchen, bleib stehn, ich will dich fressen!"
   Der Pfannekuchen antwortete: „Ich bin drei alten Weibern weggelaufen, Häschen Wippschwanz,
20 Wolf Dickschwanz, Reh Blitzschwanz, Kuh Schwippschwanz und soll dir Sau Kringelschwanz nicht
21 entwischen?" und lief kantapper, kantapper in den Wald hinein.

22 Da kamen drei Kinder daher, die hatten keinen Vater und keine Mutter mehr und sprachen:
23 „Lieber Pfannekuchen, bleib stehen! Wir haben noch nichts gegessen den ganzen Tag!"
24 Da sprang der dicke fette Pfannekuchen den Kindern in den Korb und ließ sich von ihnen
25 essen.

Lernzielkontrolle (A)	Datum: _____
Thema: Tabellen und Diagramme (1)	Name: _____

❶ Lies den folgenden Sachtext mehrfach durch und ordne die folgenden Überschriften den passenden Abschnitten zu

> Fernsehen oder lesen? – Klassenumfrage – Sportliche Aktivitäten – Freunde und Familie

_____

1   Das neue Schuljahr hat begonnen. Die neuen Schülerinnen und Schüler der fünften Klassen wollen
2   sich besser kennenlernen. Deshalb startete die Klasse 5a eine Klassenumfrage zum Thema Freizeit-
3   beschäftigung.

_____

4   Was machen die Schülerinnen und Schüler neben den Schulaufgaben in ihrer Freizeit?
5   Mehr als 50 Prozent der Schülerinnen und Schüler besitzen einen eigenen Fernseher und verbringen
6   einen Großteil ihrer Freizeit damit fernzusehen. Außerdem spielen 13 Schülerinnen und 12 Schüler
7   regelmäßig mit ihrer Spielkonsole. Dagegen lesen nur 11 Prozent der Kinder gern in ihrer Freizeit
8   ein Buch.

_____

9   Knapp die Hälfte aller Kinder treibt zwei- bis drei Mal pro Woche Sport. Fußball spielen, Fahrrad fahren
10 und Schwimmen sind die meistgenannten Antworten. Aber auch Bogenschießen oder Boxen sind
11 beliebte Freizeitbeschäftigungen.

_____

12 Fast alle Schülerinnen und Schüler treffen sich regelmäßig mit ihren Freunden in der Freizeit. Am
13 Wochenende stehen außerdem Familienausflüge in den Zoo oder aber ein Besuch im Freizeitpark auf
14 dem Programm. Neben Fernsehen zählt also in erster Linie nach wie vor, Zeit mit Freunden oder der
15 Familie zu verbringen.

❷ Welche Aussagen sind richtig? Kreuze an.

○ Ein Großteil der neuen Fünftklässler verbringt ihre Freizeit damit Freunde zu treffen.

○ Bücher lesen nur sehr wenige Schülerinnen und Schüler in ihrer Freizeit.

○ 25 Kinder nahmen an der Umfrage teil.

○ Kaum ein Kind besitzt einen eigenen Fernseher, trotzdem spielen sehr viele gern mit ihrer Spielekonsole (z. B. Playstation).

○ Mehrmals pro Woche treiben mehr als 50 Prozent der Kinder Sport.

Lernzielkontrolle (A)	Datum: _____
Thema: Tabellen und Diagramme (2)	Name: _____

Im Text steht, dass viele Schülerinnen und Schüler gern Sport treiben. Nenne die genannten Sportarten mit der jeweiligen Zeilenangabe.

✔ _____ (Z. ____)

✔ _____ (Z. ____)

✔ _____ (Z. ____)

✔ _____ (Z. ____)

✔ _____ (Z. ____)

✔ _____ (Z. ____)

❸ Fragen zum Balkendiagramm.

a) Beschreibe in eigenen Worten, was das Diagramm anzeigt.

_____

_____

_____

b) Was ist die beliebteste Freizeitbeschäftigung?

_____

c) Was machen die Schülerinnen und Schüler am wenigsten in ihrer Freizeit?

_____

_____

_____

d) Was machen mehr als 50 Prozent der Kinder in ihrer Freizeit?

_____

_____

_____

❹ Kreuze an, welche Aussagen dir das Balkendiagramm anzeigt:

○ Die meisten Kinder bevorzugen ihre Freizeit mit Freunden zu verbringen.

○ Weniger als 50 Prozent der Kinder treiben regelmäßig Sport.

○ Musik hören, Lesen und Sport treiben sind die drei meistgenannten Freizeitbeschäftigungen.

○ Das Diagramm zeigt an, wie viel Freizeit die Schülerinnen und Schüler der Klasse 5b haben.

Lernzielkontrolle (B)

Thema: Tabellen und Diagramme (1)

Datum: _____

Name: _____

❶ Lies den folgenden Sachtext mehrfach durch. Finde danach eine passende Überschrift und Zwischenüberschriften.

_____

1 Das neue Schuljahr hat begonnen. Die neuen Schülerinnen und Schüler der fünften Klassen wollen
2 sich besser kennenlernen. Deshalb wurde eine Klassenumfrage zum Thema Freizeitbeschäftigung
3 durchgeführt.

_____

4 Was machen die Schülerinnen und Schüler neben den Schulaufgaben in ihrer Freizeit?
5 Mehr als 50 Prozent der Schülerinnen und Schüler besitzen einen eigenen Fernseher und verbringen
6 einen Großteil ihrer Freizeit damit fernzusehen. Außerdem spielen über die Hälfte aller Kinder der
7 Klasse 5a regelmäßig mit ihrer Spielekonsole in der Freizeit. Dagegen lesen nur 11 Prozent der Klasse 5a
8 gern in ihrer Freizeit ein Buch. In der Klasse 5b verbringen immerhin 22 Prozent der Kinder ihre Freizeit
9 mit Lesen.

_____

10 Die Hälfte aller Kinder treibt zwei- bis dreimal pro Woche Sport. Fußball spielen, Fahrrad fahren
11 und Schwimmen sind die meistgenannten Antworten. Aber auch Bogenschießen oder Boxen sind
12 beliebte Freizeitbeschäftigungen.

_____

13 Fast alle Schülerinnen und Schüler treffen sich regelmäßig mit ihren Freunden in der Freizeit. Am
14 Wochenende stehen außerdem Familienausflüge in den Zoo oder aber ein Besuch im Freizeitpark auf
15 dem Programm. Neben Fernsehen zählt also in erster Linie nach wie vor, Zeit mit Freunden oder der
16 Familie zu verbringen.

❷ Welche Aussagen sind richtig? Kreuze an.

○ Ein Großteil der neuen Fünftklässler verbringt ihre Freizeit damit Freunde zu treffen.

○ Bücher lesen nur sehr wenige Schülerinnen und Schüler in ihrer Freizeit.

○ Kaum ein Kind besitzt einen eigenen Fernseher, trotzdem spielen sehr viele gern mit ihrer Spielekonsole (z. B. Playstation).

○ Keines der Kinder gab in der Umfrage an regelmäßig Sport zu machen.

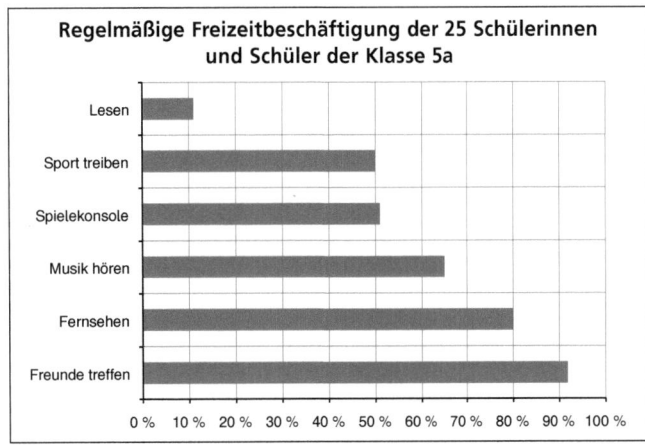

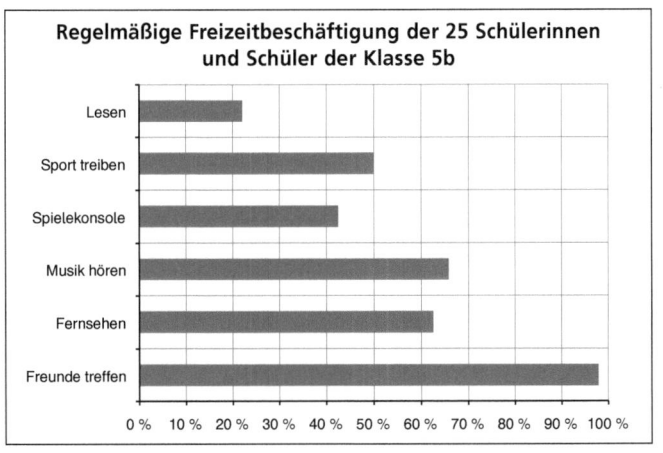

Lernzielkontrolle (B)	Datum: _____
Thema: Tabellen und Diagramme (2)	Name: _____

❸ Fragen zum Balkendiagramm – Antworte in ganzen Sätzen.

a) Erkläre in eigenen Worten, was in beiden Diagrammen angezeigt wird.

_____
_____
_____

b) Was ist die beliebteste Freizeitbeschäftigung in beiden Klassen?

_____

c) Was sind die drei meistgenannten Freizeitbeschäftigungen in beiden Klassen?

_____
_____
_____

d) Welche Freizeitbeschäftigung ist in der Klasse 5b doppelt so stark vertreten wie in der Klasse 5a?

_____
_____
_____

❹ Welche Aussagen kannst du aus den Diagrammen schließen? Kreuze die richtigen Antworten an und verbessere die Falschaussagen.

○ Sport ist in beiden Klassen die unbeliebteste Freizeitbeschäftigung.

_____

○ Das Spielen an einer Konsole ist in beiden Klassen gleichermaßen beliebt.

_____

○ 60 bis 70 Prozent aller Befragten hören gern Musik in ihrer Freizeit.

_____

○ 50 Prozent aller Befragten treiben in ihrer Freizeit Sport.

_____

○ 98 Prozent der Schülerinnen und Schüler der Klasse 5a treffen in ihrer Freizeit gern ihre Freunde.

_____

Lernzielkontrolle (A)	Datum:
Thema: Schwierige Konsonantenverbindungen	Name:

❶ Kreuze an, welche der folgenden Aussagen richtig ist.

○ Die Verlängerungsprobe ist eine Lernstrategie, die dir hilft ähnlich klingende Konsonanten (z. B. p und b oder g und k) zu unterscheiden.

○ Die richtige Schreibweise lässt sich nicht von verwandten Wörtern ableiten.

❷ Vervollständige die Regel.

> **Infinitiv – Plural – Steigerungsform – Verlängerungsprobe**

Wenn du dir unsicher bist, wie ein Wort richtig geschrieben wird, bilde eine _____.

Bei Nomen erfolgt die Verlängerung, indem du den _____ bildest. Bei Verben bildest du den

_____ und bei Adjektiven bildest du am besten die _____.

❸ Schreibe richtig. Bilde dazu die Verlängerung.

a) Nomen

Bild	Verlängerung	Wort

b) Adjektive

Wort	Verlängerung	Wort
fleißi g/k		
kal d/t		
tau p/b		

c) Verben

Wort	Verlängerung	Wort
Der Dieb betrü g/k t.		
Der Schüler schrei b/p t.		

❹ Finde die Fehler im folgenden Satz und unterstreiche sie.

Auf der Burk fant diese Nacht eine wilte Party statt. Der Walt erschien im Montschein fremt.

Niemand erinnert sich an den liepen Zauberer.

Lernzielkontrolle (B)	Datum: _____
Thema: Schwierige Konsonantenverbindungen	Name: _____

❶ Nenne und erkläre zwei Lernstrategien, die dir helfen können, die richtige Schreibweise eines ähnlich klingenden Wortes abzuleiten.

❷ Vervollständige die Regel.

Wenn du dir unsicher bist, wie ein Wort richtig geschrieben wird, bilde eine _____.

Bei Nomen erfolgt die Verlängerung, indem du den _____ bildest. Bei Verben bildest du den

_____ und bei Adjektiven bildest du am besten die _____.

❸ Schreibe richtig. Falls du dir unsicher bist, wende deine gelernten Rechtschreibstrategien an.

a) **g oder k**

Zwerg/k – fleißig/k – Berg/k – Der Zeuge schweig/k t. – Betrug/k – kräftig/k –
er belüg/k t – Zweig/k – der Fahrer leng/k t – Das Schiff sing/k t.

b) **b oder p**

Dieb/p – grob/p – Zauberstab/p – Der Schüler schreib/p t. – gelb/p – Die Erde beb/p t. –
Urlaub/p – Korb/p – der Täter behaub/ptet – herb/p

c) **d oder t**

Hand/t – wild/t – Land/t – Weld/t –bund/t – er bied/t et – Das Geld verschwind/tet. –
Er bind/tet die Schuhe. – Rekord/t – kald/t

❹ Hier fehlen die Buchstaben e/ä und eu/äu. Setze die passenden Buchstaben ein und schreibe den Text richtig auf ein leeres Blatt.

Ferientr____me

J____hrlich fr____en sich alle Kinder auf ihren Urlaub in fr____mden L____ndern. Sie tr____men von

den w____rmenden Sonnenstrahlen auf ihrer Haut. Die M____hrzahl schw____rmt vom Urlaub in

w____rmeren L____ndern. Einige w____hlen jedoch s____ltsamerweise auch die k____lteren

Reiseregionen. Egal welches Reiseziel gew____hlt wird – Hauptsache das W____tter durchkreuzt nicht

ihre Pl____ne.

Lernzielkontrolle (A)
Thema: Nominalisierungen (1)

Datum: _____
Name: _____

❶ Kreuze richtige Aussagen an.
○ Nominalisierte Verben werden kleingeschrieben.
○ Verben werden großgeschrieben.
○ Adjektive werden kleingeschrieben.
○ Nominalisierte Adjektive werden großgeschrieben.
○ Vor nominalisierten Verben und Adjektiven stehen Signalwörter.
○ Ein Signalwort vor einem nominalisierten Verb kann zum Beispiel eine Präposition (wie z. B. **mit**) sein.

❷ a) Unterstreiche alle nominalisierten Adjektive und Verben.

b) Kreise die Signalwörter ein.

Liebe Maria,

es fällt mir gerade schwer, mich auf das Lernen für die Mathearbeit zu konzentrieren. Ich habe dir etwas Spannendes zu berichten. Heute geschah vor unserer Schule fast ein Unfall. Ein Autofahrer kam mit hoher Geschwindigkeit um die Ecke und übersah eine alte Dame mit ihrem Hund, die gerade die Straße überquerte. Ich hörte das laute Bremsen und das Quietschen der Autoreifen. Das Bellen des Hundes habe ich immer noch im Ohr. Die Dame und ihr Hund sind dem Wagen in letzter Sekunde noch ausgewichen. Es ist zum Glück nichts Schlimmes passiert.

Viele Grüße

Deine Kati

❸ Adjektiv oder nominalisiertes Adjektiv? Wähle aus und setze ein.

a) Ich wünsche dir alles _____ zum Geburtstag. (gut)

b) Simon schenkt Leonie einen _____ Blumenstrauß. (schön)

c) Meine Schwester hat heute viel _____ gegessen. (süß)

d) Einiges _____ erfuhren wir durch den Vortrag von Professor Ludig. (neu)

Lernzielkontrolle (A)
Thema: Nominalisierungen (2)

Datum: _____
Name: _____

❹ Richtig oder falsch geschrieben?

Aussagen	richtig	falsch
Beim schwimmen habe ich meinen Ring verloren.		
Ich hoffe, dass du dein Lachen nie verlierst.		
Mein Hund hat Große Ohren.		
Heute passierte viel Lustiges.		

❺ Kreuze insgesamt vier richtige Begründungen an.

a) Zum <u>Rudern</u> ziehe ich eine Schwimmweste an.

Rudern wird großgeschrieben,
○ weil es ein nominalisiertes Verb ist.
○ weil davor ein Artikel steht.
○ weil eine Präposition mit einem verschmolzenen Artikel davorsteht.
○ weil eine Mengenangabe davorsteht.

b) Auf dem Markt gibt es allerlei <u>Leckeres</u> zum Essen.

Leckeres wird großgeschrieben,
○ weil es ein nominalisiertes Verb ist.
○ weil davor ein Pronomen steht.
○ weil davor eine Mengenangabe steht.
○ weil es ein nominalisiertes Adjektiv ist.

❻ Groß oder klein? Setze richtig ein.

a) Ich habe das ___ießen der Blumen vergessen. (g/G)

b) In den Ferien habe ich viel ___ufregendes erlebt. (a/A)

c) Mir gefällt dein ___lauer Pullover. (b/B)

d) Sein ___ächeln kann ich nicht vergessen. (l/L)

e) Beim ___ennen habe ich mich verletzt. (r/R)

f) Oma hat mir ___raurige Geschichten erzählt. (t/T)

g) Meine Tante isst nichts ___üßes. (s/S)

6. Klasse

Lernzielkontrolle (B)

Thema: Nominalisierungen (1)

Datum: _____

Name: _____

❶ a) Ergänze das Merkwissen.

Nominalisierte Verben werden _____.

Es gibt Signalwörter, die vor einem nominalisierten Verb stehen:

a) _____, Bsp.: **ein** Seufzen, **das** Lachen

b) Pronomen, Bsp.: _____

c) _____, Bsp.: lautes Schreien

d) Präposition mit verschmolzenem Artikel, Bsp.: _____

b) Erkläre die Schreibweise von nominalisierten Adjektiven und nenne mindestens zwei Signalwörter.

_____

_____

_____

_____

❷ Adjektiv oder nominalisiertes Adjektiv? Wähle aus und setze ein.

| neu – schön – gut – süß |

a) Ich wünsche dir alles _____ zum Geburtstag.

b) Simon schenkt Leonie einen _____ Blumenstrauß.

c) Meine Schwester hat heute wenig _____ gegessen.

d) Viel _____ erfuhren wir durch den Vortrag von Professor Ludig.

❸ Begründe die Schreibweise der unterstrichenen Wörter.

a) Beim <u>Schwimmen</u> habe ich meinen Ring verloren.

_____

_____

b) Auf dem Markt gibt es allerlei <u>Leckeres</u> zum Essen.

_____

Lernzielkontrolle (B)
Thema: Nominalisierungen (2)

Datum: _____
Name: _____

❹ Verbessere die Groß- und Kleinschreibung des folgenden Textes.

liebe maria,

es fällt mir gerade schwer, mich auf das lernen für die mathearbeit zu konzentrieren. ich habe dir etwas spannendes zu berichten. heute geschah vor unserer schule fast ein unfall. ein autofahrer kam mit hoher geschwindigkeit um die ecke und übersah eine alte dame mit ihrem hund, die gerade die straße überquerte. ich hörte das laute bremsen und quietschen der autoreifen. das bellen des hundes habe ich immer noch im ohr. die dame und ihr hund sind dem wagen in letzter sekunde noch ausgewichen. es ist zum glück nichts schlimmes passiert.

viele grüße

deine kati

_____
_____
_____
_____
_____
_____
_____
_____
_____
_____
_____
_____
_____

Lernzielkontrolle (A)

Thema: Worttrennungen und Lernstrategien

Datum: _____

Name: _____

❶ **Richtig oder falsch? Kreuze an.**

Aussagen	richtig	falsch
Einsilbige Wörter kann man trennen (z. B. der).		
Konsonantenverbindungen ch, ck und sch darf man nicht trennen.		
Zusammengesetze Wörter darf man nicht trennen (z. B. das Reiseticket)		
Zusammengesetze Wörter können nach Wortbausteinen getrennt werden.		
Einzelne Vokale am Wortanfang oder Wortende werden nicht abgetrennt.		
Es gibt kein Wort, das man nicht trennen kann.		

❷ **Unterteile die folgenden Wörter in Silbenstriche und füge den passenden bestimmten Artikel hinzu.**

Husten	
Garten	
Wochenende	
Lichtschalter	
Sonnenstrahlen	
Katze	
Ereignis	
Einigung	

❸ **Unterteile die folgenden Wörter der Sätze in Silbenstriche (z. B. ba-den).**

a) Am Abend gab der Fußballvereinsmeister eine unvergessliche Sommerparty.

_____

_____

b) Die Schifffahrt brachte die Klasse im Sommer total ins Schwitzen.

_____

_____

c) Maria hatte ihr Parkhausticket in der Einkaufspassage wiedergefunden.

_____

❹ **Ordne die folgenden Wörter in der richtigen alphabetischen Reihenfolge.**

Banane – Apfel – Birne – Zitrone – Kiwi – Ananas – Kirsche – Erdbeere – Melone

Lernzielkontrolle (B)	Datum: _____
Thema: Worttrennungen und Lernstrategien	Name: _____

❶ Richtig oder falsch?

Aussagen	richtig	falsch
Einsilbige Wörter kann man trennen.		
Konsonantenverbindungen ch, ck und sch darf man nicht trennen.		
Zusammengesetze Wörter darf man nicht trennen.		
Zusammengesetze Wörter können nach Wortbausteinen getrennt werden.		
Doppelkonsonanten kann man nicht trennen.		
Doppelvokale sind trennbar.		
Diphthonge darf man nicht trennen.		
Es gibt Wörter, die man nicht trennen kann.		

❷ Unterteile die folgenden Wörter in Silbenstriche und füge den passenden bestimmten Artikel hinzu.

Husten	
Garten	
Wochenende	
Lid	
Sonnenstrahlen	
Katze	
Ereignis	
Einigung	

❸ Trenne die einzelnen Wörter voneinander ab. Schreibe nun den Satz mit Silbenstrichen (z.B. ba-den) in richtiger Groß- und Kleinschreibung auf.

a) AMABENDGABDERFUẞBALLVEREINSMEISTEREINEUNVERGESSLICHESOMMERPARTY.

_____

_____

b) DIESCHIFFFAHRTBRACHTEDIEKLASSEIMSOMMERTOTALINSSCHWITZEN

_____

_____

c) MARIAHATTEIHRPARKHAUSTICKETINDEREINKAUFSPASSAGEWIEDERGEFUNDEN.

_____

_____

❹ Streiche das Wort weg, das an der falschen alphabetischen Reihenfolge steht.

> Aal – Abbild – abwärts – Allee – Arbeit – Ananas – andersdenkend – Aufsicht

Lernzielkontrolle (A)

Thema: Wortarten II – Zeitformen des Verbs (1)

Datum: _____

Name: _____

❶ Richtig oder falsch?

Aussagen	richtig	falsch
Adverbien sind Adjektive.		
Adverbien sind unveränderliche Wörter.		
Die Wörter „heute" und „dort" sind Adverbien.		
Konjunktionen sind z. B. die Wörter „mit" und „auf".		
Konjunktionen sind Bindewörter.		
Präpositionen sind z. B. Wörter „als" und „weil".		

❷ Kreise in den Sätzen alle Adverbien ein.

a) Gestern las ich mein Buch zu Ende.

b) Der Futternapf steht unter der Bank.

c) Mein Opa muss vormittags in Krankenhaus.

d) Franzi geht zuerst zum Sport, danach besucht sie ihre Freundin.

e) Ausnahmsweise darf ich heute bei meinem Freund übernachten.

❸ Setze passende Präpositionen und Konjunktionen in die Lücken ein.

> **Präpositionen: über, unter, neben, auf, vor, in, zwischen**

> **Konjunktionen: weil, aber, und, oder, obwohl, als, während, wenn, dass**

a) _____ unserer Schule entsteht ein neues Geschäftsviertel.

b) _____ ich _____ Florida lebte, besuchte ich dort eine Privatschule.

c) Meine Katze versteckt sich _____ dem Tisch, _____ wir essen.

d) Olaf freut sich _____ seine Noten, _____ er weiß, dass er noch bessere Noten haben könnte.

Lernzielkontrolle (A)	Datum: _____
Thema: Wortarten II – Zeitformen des Verbs (2)	Name: _____

❹ Kreuze richtige Aussagen an.
○ Das lateinische Wort für Gegenwart ist Präteritum.
○ Das Perfekt benutzt man meist beim mündlichen Erzählen.
○ Etwas Zukünftiges wird durch das Plusquamperfekt ausgedrückt.
○ Das Perfekt wird aus der Präsensform von „haben" oder „sein" und dem Partizip II gebildet.

❺ Bestimme die Zeitform. Kreuze an.

a) Meine Mutter backt gerade meinen Lieblingskuchen.
　○ Präsens　　　　○ Präteritum　　　　○ Perfekt

b) Unsere Nachbarn werden bald in den Urlaub fahren.
　○ Plusquamperfekt　　　　○ Futur I　　　　○ Präsens

c) Meine Lehrerin hat vorhin eine spannende Geschichte erzählt.
　○ Präsens　　　　○ Perfekt　　　　○ Plusquamperfekt

d) Meine Mannschaft gewann gestern das Spiel.
　○ Futur I　　　　○ Präteritum　　　　○ Präsens

❻ Ergänze die Lücken.

	schwimmen	lachen	sein
Präsens	er	ich	wir
Präteritum	er	ich	wir
Perfekt	er	ich	wir
Plusquamperfekt	er	ich	wir
Futur I	er	ich	wir

❼ Setze die richtige Zeitform ein. Achte auf die Zeitangaben.

a) Letzte Woche _____ ich morgens zu spät das Haus. (verlassen)

b) Wir _____ morgen mit unserem Hasen zum Tierarzt _____. (gehen)

c) Nachdem ich gestern Nachmittag die Zeitung _____. (austragen),
　_____ (regnen) es am Abend.

d) Jetzt _____ meine Großeltern ihre Lieblingsserie im Fernsehen. (schauen)

Lernzielkontrolle (B)

Thema: Wortarten II – Zeitformen des Verbs (1)

Datum: _____

Name: _____

❶ Richtig oder falsch?

Aussagen	richtig	falsch
Adverbien sind Umstandswörter.		
Adverbien bestehen aus zwei Wörtern.		
Adverbien sind Wörter, die unveränderlich sind.		
Es gibt Lokal- und Temporaladverbien.		
Konjunktionen verbinden Sätze miteinander.		
Es gibt nur nebenordnende Konjunktionen.		
Präpositionen sind Fürwörter.		
Präpositionen sind Verhältniswörter.		

❷ a) Unterstreiche alle Adverbien, Präpositionen und Konjunktionen im Text.

Gestern las ich mein Buch zu Ende, obwohl ich noch Vokabeln lernen musste. Ich habe unter meiner Bettdecke mit einer Taschenlampe bis 23 Uhr nachts gelesen. Neben mir schlief mein kleiner Bruder in seinem Gitterbett. Das Buch war so gruselig, dass ich davon Alpträume bekam. Überall versteckten sich kleine Monster in meinem Zimmer. Dieses Buch werde ich niemals wieder vergessen.

b) Ordne nun alle Adverbien, Präpositionen und Konjunktionen in die Tabelle ein.

Präpositionen	Konjunktionen	Adverbien

Lernzielkontrolle (B)
Thema: Wortarten II – Zeitformen des Verbs (2)

Datum: _____
Name: _____

❸ Ergänze folgende Aussagen.

Das lateinische Wort für Gegenwart ist _____.

Das Perfekt benutzt man meist _____.

Etwas Zukünftiges wird durch _____ ausgedrückt.

_____ wird aus der Präsensform von haben oder sein und dem Partizip II gebildet.

Das Plusquamperfekt wird aus der _____
_____ gebildet.

❹ Bestimme die Zeitform. Wandle die Sätze in die angegeben Zeiten um.

a) Meine Mutter joggt durch den Park. (_____)
_____ (Perfekt)

b) Unsere Nachbarn werden in den Urlaub fahren. (_____)
_____ (Präteritum)

c) Die neue Lehrerin hat eine spannende Geschichte erzählt. (_____)
_____ (Präsens)

d) Meine Mannschaft gewann das Spiel. (_____)
_____ (Futur I)

e) Sabines Katze hatte sich beim Spielen ihre Vorderpfote gebrochen. (_____)
_____ (Präteritum)

❺ Bilde die Formen.

a) 1. Person Plural Präteritum (laufen) = _____

b) 2. Person Singular Perfekt (singen) = _____

c) 3. Person Singular Neutrum Präsens (schneien) = _____

d) 3. Person Plural Plusquamperfekt (rennen) = _____

e) Ihr werdet sehen = _____

f) Wir sind geschlichen = _____

g) Er hatte geschrieben = _____

Lernzielkontrolle (A)	Datum: _____
Thema: Satzglieder – Adverbiale Bestimmungen und Attribute (1)	Name: _____

❶ Vervollständige den Merksatz mithilfe der vorgegebenen Wörter aus dem Wortspeicher.

> Subjekt – Umstellprobe – Wem? – Wen oder was? – Was tut man/er/sie/es?

Ein Satz setzt sich aus verschiedenen Teilen zusammen. Zum Beispiel Subjekt, Prädikat und Objekt. Mithilfe der _____ kannst du ermitteln, welches Wort oder welche Wörter gemeinsam ein Satzglied bilden. Der Kern eines Satzes ist das **Prädikat**. Es wird mit folgender Frage ermittelt: _____.

Mit der Frage „Wer oder was?" wird das _____ in einem Satz herausgefunden. Das Akkusativobjekt wird durch die Frage _____ erfragt. Während das Dativobjekt mit dem Fragewort _____ ermittelt wird.

❷ Neben den obengenannten Satzgliedern gibt es noch die sogenannten adverbialen Bestimmungen. Kreuze an, welche der folgenden Aussagen richtig ist:

a) Adverbiale Bestimmungen …
   ○ sind Satzglieder, die sich umstellen lassen, dabei aber den Sinn des Satzes ändern.
   ○ liefern zusätzliche Informationen über den Ort, die Zeit, den Grund und die Art und Weise eines Geschehens.
   ○ Geben Informationen über die beteiligten Personen, den Tathintergrund und die Absicht.

b) Die adverbiale Bestimmung der Zeit (temporal) kann durch folgende Fragen ermittelt werden …
   ○ Wann? Wie lange? Seit wann? Wie oft?
   ○ Wo? Wohin? Woher?
   ○ Wann? Wer war beteiligt? Wo?

c) Mit der Frageprobe „Warum? Weshalb? Weswegen?" wird …
   ○ die adverbiale Bestimmung der Zeit ermittelt.
   ○ das Dativobjekt ermittelt.
   ○ die adverbiale Bestimmung des Grundes ermittelt.

❸ Schreibe auf, mit welcher Frage du das <u>unterstrichene Satzglied</u> erfragst und ermittle anschließend die genaue Bezeichnung dieser adverbialen Bestimmung.

a) Der Tresor einer Berliner Bank wurde **gestern Nacht** aufgesprengt.

   Frage: _____

   Adverbiale Bestimmung _____

b) Die Bankräuber planten den Banküberfall **mit großer Sorgfalt**.

   Frage: _____

   Adverbiale Bestimmung _____

Lernzielkontrolle (A)

Thema: Satzglieder – Adverbiale Bestimmungen und Attribute (2)

Datum: _____

Name: _____

c) Der Hintergrund der Tat waren **die hohen Schulden** der beiden Bankräuber.

Frage: _____

Adverbiale Bestimmung _____

❹ **Kreuze an, welche Aussage zum Attribut richtig ist.**
- ○ Attribute sind Beifügungen, die ein Bezugswort um genauere Eigenschaften ergänzen, z. B. krankhafter Ehrgeiz.
- ○ Attribute können sich nicht aus verschiedenen Wortarten zusammensetzen.
- ○ Attribute können vor oder nach einem Bezugswort stehen.
- ○ Attribute sind Teile von Satzgliedern und bleiben immer mit ihrem Bezugswort verbunden.

❺ **Attribut oder adverbiale Bestimmung?**

a) Welche Probe kann dir helfen, Attribute von adverbialen Bestimmungen zu unterscheiden?
- ○ Umstellprobe
- ○ Verwandtschaftsprobe
- ○ Verlängerungsprobe
- ○ Frageprobe

b) Wende die passende Probe an.

Hungrige Studenten verschlingen gierig den Kuchen.

_____

_____

_____

c) Bestimme nun das Attribut und die adverbiale Bestimmung:

hungrige: _____

gierig: _____

Lernzielkontrolle (B)	Datum: _____
Thema: Satzglieder – Adverbiale Bestimmungen und Attribute (1)	Name: _____

❶ Vervollständige die Regel.

Ein Satz setzt sich aus verschiedenen Teilen zusammen. Zum Beispiel Subjekt, Prädikat und Objekt.

Mithilfe der _____ kannst du ermitteln, welches Wort oder welche Wörter gemeinsam ein Satzglied bilden. Der Kern eines Satzes ist das **Prädikat**. Es wird mit folgender Frage ermittelt: _____.

Mit der Frage „Wer oder was?" wird das _____ in einem Satz herausgefunden. Das Akkusativobjekt wird durch die Frage _____ erfragt. Während das Dativobjekt mit dem Fragewort _____ ermittelt wird.

❷ Neben den obengenannten Satzgliedern gibt es noch die sogenannten adverbialen Bestimmungen. Nenne die vier verschiedenen Arten der adverbialen Bestimmung und eine jeweils passende Fragemöglichkeit.

_____

Fragemöglichkeit: _____

_____

Fragemöglichkeit: _____

_____

Fragemöglichkeit: _____

_____

Fragemöglichkeit: _____

❸ Unterstreiche in jedem Satz die adverbiale Bestimmung. Schreibe anschließend die *passende Frage* und die genaue Bezeichnung der adverbialen Bestimmung auf.

Der Tresor einer Berliner Bank wurde gestern Nacht gesprengt.

(Frage: _____

Adverbiale Bestimmung _____)

Die Bankräuber hatten ihren Überfall mit großer Sorgfalt geplant.

(Frage: _____

Adverbiale Bestimmung _____)

Die hohen Schulden der beiden Bankräuber stellten das Motiv der Tat dar.

(Frage: _____

Adverbiale Bestimmung _____)

Lernzielkontrolle (B)

Thema: Satzglieder – Adverbiale Bestimmungen und Attribute (2)

Datum: _____

Name: _____

❹ a) Was sind Attribute? Erkläre mit eigenen Worten und gib ein passendes Beispiel.

b) Kreuze die richtige Aussage an.
- ○ Attribute können sich nicht aus verschiedenen Wortarten zusammensetzen.
- ○ Attribute können vor oder nach einem Bezugswort stehen.
- ○ Attribute sind Teile von Satzgliedern und bleiben immer mit ihrem Bezugswort verbunden.
- ○ Attribute ändern bei der Umstellprobe den Sinn eines Satzes.

c) Attribute treten in unterschiedlichen Formen auf:

Diese Form des Attributes wird aus einem Nomen im gleichen Fall wie das Bezugswort gebildet und mit Komma abgetrennt. Nenne den Fachbegriff.

Z. B. Peter, *mein Freund*, ist ein begabter Musiker.

Diese Form des Attributes nennt sich: _____

d) Unterstreiche das Genitivattribut.

Die Aufdeckung des Banküberfalles raubte dem Detektiv den Schlaf.

Lernzielkontrolle (A)	Datum: _____
Thema: Satzreihe und Satzgefüge (1)	Name: _____

❶ Vervollständige die Merksätze.

Satzreihe:

Eine **Satzreihe** besteht aus zwei oder mehreren _____

Hauptsätze haben immer ein **Subjekt** und ein _____

Sie können _____ stehen!

Satzgefüge:

Die Verbindung von _____ und _____ nennt man **Satzgefüge**.

Ein Nebensatz kann nicht _____ stehen.

Das **Prädikat** steht _____ des Nebensatzes.

❷ Unterstreiche alle Konjunktionen farbig!

weil – auf – hinter – und – da – in – oder – obwohl – dass – wenn – im – nachdem – mit – als – bei – wegen – während

❸ Kreise die Nebensätze rot ein. Welche Sätze sind Satzreihen (Sr.) und welche Satzgefüge (Sg.)? Kreuze an!

Sätze	Sr.	Sg.
Weil es heute heftig schneite, fiel die Schule aus.		
Wir freuten uns, da wir heute eine Deutscharbeit geschrieben hätten.		
Unsere Schlitten wurden im Keller gesucht und dann gingen wir rodeln.		
Da wir viel Spaß beim Rodeln hatten, verging der Tag sehr schnell.		
Am Abend aßen wir eine heiße Suppe, denn wir hatten großen Hunger.		

❹ Bilde Satzreihen mithilfe der angegebenen Konjunktionen.

a) Marie hat ihre Hausaufgaben erledigt. Sie kann nun zu ihrer Freundin gehen. **(und)**

_____

_____

b) Die beiden Mädchen wollen am Nachmittag ins Tierheim. Sie betreuen dort einen alten Hund. **(denn)**

_____

_____

Lernzielkontrolle (A)

Thema: Satzreihe und Satzgefüge (2)

Datum: _____

Name: _____

   c) Marie möchte den Dackel am liebsten mit nach Hause nehmen. Ihre Eltern verbieten es ihr. **(aber)**

_____

_____

❺ Bilde Satzgefüge mithilfe der angegebenen Konjunktionen.

   a) Moritz freut sich auf den Arztbesuch. Sein Gips am Arm wird entfernt. **(weil)**

_____

_____

   b) Er möchte gleich wieder Handball spielen. Der Arzt erlaubt es ihm. **(wenn)**

_____

_____

   c) Moritz hat jetzt keine Angst Handball zu spielen. Er brach sich den Arm während eines Handballspiels. **(obwohl)**

_____

_____

❻ Richtig oder falsch? Kreuze an.

Regel	richtig	falsch
In einer Satzreihe werden selbstständige Teilsätze durch Kommas abgetrennt.		
Vor nebenordnenden Konjunktionen wie z. B. „und" oder „oder" muss ein Komma stehen.		
Hauptsatz und Nebensatz werden in einem Satzgefüge durch ein Komma voneinander abgetrennt.		
Vor unterordnenden Konjunktionen wie z. B. „weil" oder „obwohl" steht immer ein Komma.		

❼ Entscheide, ob man ein Komma setzen muss oder kann. Ein Komma in Klammern (,) heißt, dass man es zur Verdeutlichung setzen kann.

   a) Der Ausflug in den Zoo hat allen Kindern viel Freude bereitet obwohl es leicht regnete.

   b) Als die Klasse in das Elefantenhaus kam sahen sie das Elefantenbaby Sam.

   c) Die Mädchen waren sehr begeistert und Sam wurde von ihnen ganz genau beobachtet.

   d) Sie wollten das Elefantenbaby streicheln aber Sam stand zu weit entfernt vom Zaun.

   e) Zur Erinnerung fotografierten viele Sam und manche Kinder zeichneten ihn sogar.

Lernzielkontrolle (B)

Thema: Satzreihe und Satzgefüge (1)

Datum: _____

Name: _____

❶ a) Richtig oder falsch? Kreuze an.

Aussagen	richtig	falsch
Eine Satzreihe besteht aus zwei oder mehreren Nebensätzen.		
Hauptsätze können alleine stehen.		
Hauptsätze haben immer ein Subjekt und ein Objekt.		
Die Verbindung von einem Hauptsatz mit einem Hauptsatz nennt man Satzgefüge.		
Nebensätze können nicht alleine stehen.		
Das Prädikat steht bei Nebensätzen an zweiter Stelle.		

b) Wandle die falschen Aussagen in richtige Aussagen um.

_____

_____

_____

_____

❷ Nenne drei unterordnende Konjunktionen: _____

Nenne zwei nebenordnende Konjunktionen: _____

❸ a) Unterstreiche die Nebensätze rot.

b) Kreise alle Konjunktionen ein.

c) Welche Sätze sind Satzreihen (Sr.) und welche Satzgefüge (Sg.)? Kreuze an!

Sätze	Sr.	Sg.
Weil es heute heftig schneite, fiel die Schule aus.		
Wir freuten uns, da wir heute eine Deutscharbeit geschrieben hätten.		
Unsere Schlitten wurden im Keller gesucht und dann gingen wir rodeln.		
Da wir viel Spaß beim Rodeln hatten, verging der Tag sehr schnell.		
Obwohl wir froren, rodelten wir bis es dunkel wurde.		
Am Abend aßen wir eine heiße Suppe, denn wir hatten großen Hunger.		
Wir gingen früh ins Bett, unsere Mutter las uns noch was vor, und danach schliefen wir schnell ein.		

Lernzielkontrolle (B)

Thema: Satzreihe und Satzgefüge (2)

Datum: _____

Name: _____

❹ Bilde Satzreihen. Verwende dafür folgende drei Konjunktionen: aber, und, denn.

a) Marie hat ihre Hausaufgaben erledigt. Sie kann nun zu ihrer Freundin gehen.

_____

_____

b) Die beiden Mädchen wollen am Nachmittag ins Tierheim. Sie betreuen dort einen alten Hund.

_____

_____

c) Marie möchte den Dackel am liebsten mit nach Hause nehmen. Ihre Eltern verbieten es ihr.

_____

_____

❺ Bilde Satzgefüge mit selbstgewählten Konjunktionen.

a) Moritz freut sich auf den Arztbesuch. Sein Gips am Arm wird entfernt.

_____

_____

b) Er möchte gleich wieder Handball spielen. Der Arzt erlaubt es ihm.

_____

_____

c) Moritz hat jetzt keine Angst Handball zu spielen. Er brach sich den Arm während eines Handballspiels.

_____

_____

❻ Vervollständige die Regeln zur Kommasetzung.

In einer Satzreihe werden selbstständige Teilsätze durch _____.

Vor nebenordnenden Konjunktionen wie z. B. „und" oder „oder" _____ ein Komma zur

Verdeutlichung stehen.

In einem Satzgefüge werden Hauptsatz und Nebensatz _____.

Vor unterordnenden Konjunktionen wie z. B. „weil" oder „obwohl" _____.

Lernzielkontrolle (B)

Thema: Satzreihe und Satzgefüge (3)

Datum: _____

Name: _____

❼ Setze die fehlenden Kommas ein.

Ein Komma in Klammern (,) heißt, dass man es zur Verdeutlichung setzen kann.

Der Ausflug in den Zoo hat allen Kindern viel Freude bereitet obwohl es leicht regnete. Als die Klasse in das Elefantenhaus kam sahen sie das Elefantenbaby Sam. Die Mädchen waren sehr begeistert und Sam wurde von ihnen ganz genau beobachtet. Sie wollten das Elefantenbaby streicheln aber Sam stand zu weit entfernt vom Zaun. Als die Lehrerin weiter durch den Zoo laufen wollte baten einige Kinder noch länger im Elefantenhaus bleiben zu dürfen. Zur Erinnerung fotografierten viele Sam und manche Kinder zeichneten ihn sogar. Während des Rückweges unterhielten sich alle über das Elefantenbaby und niemanden störte der Regen.

❽ Begründe folgende Kommas.

a) Obwohl Martin starke Kopfschmerzen hat, geht er in die Schule.

_____

_____

b) Der Lehrer schickt Martin in den Sanitätsraum, und kurze Zeit später wird er von seinem Vater abgeholt.

_____

_____

Lernzielkontrolle (A)
Thema: Personenbeschreibung (1)

Datum: _____

Name: _____

Die Polizei sucht einen Bankräuber. Ein Zeuge hat nebenstehendes Phantombild entworfen. Der Polizist Herr Schlaumeier muss nun noch eine Personenbeschreibung verfassen, um die Suche nach dem Bankräuber einzuleiten …

1,80 m

❶ **Bevor du deine Personenbeschreibung anfertigst, fülle vorab dieses Schreibkonzept aus. Kleidungsfarbe, Augenfarbe oder Haarfarbe musst du dir selbst ausdenken.**

Einleitung:
– Welchen Gesamteindruck macht die Person auf dich?
– Mache allgemeine grobe Angaben zur Person.

Alter: _____

Gesamteindruck: (z. B. nervöse Person, gut gekleidet, unauffällig)

_____

_____

Figur/Körperbau (z. B. eher groß, klein, dick, schlank, schwach, stark usw.)

_____

_____

_____

Hauptteil:
– Beschreibe das Aussehen der gesuchten Person so genau wie möglich in einer geordneten Reihenfolge (z. B. von oben nach unten).

Kopfform (z. B. oval, eckig, rund): _____

Haare (z. B. Haarfarbe, Frisur, Haarlänge, lockig):

_____

_____

Augen (Augenfarbe): _____

Augenbrauen (z. B. buschig, zusammengewachsen): _____

Nase: _____

Lernzielkontrolle (A)	Datum: _____
Thema: Personenbeschreibung (2)	Name: _____

Mund: _____

Ohren: (z. B. Größe, abstehend, anliegend)

_____

_____

Schmuck: _____

Kleidung (z. B. Farben, Auffälligkeiten wie Löcher, gepflegt, ungepflegt, Muster)

_____

_____

_____

Besonderheiten (z. B. Brille (Farbe, Form)):

_____

_____

Schluss:
- Wie wirkt die Person auf dich?
- Was ist besonders auffällig?

Wirkung/Ausstrahlung (z. B. wirkt nervös, entschlossen, beängstigend, zu allem bereit, stark/schwach):

_____

_____

_____

Besondere Kennzeichen (z. B. Muttermal (wo, Farbe, Größe), Bart (Vollbart, Schnurrbart) Zahnlücke (links oder rechts, wie viele Zähne fehlen)):

_____

_____

_____

_____

---

❷ **Schreibe mithilfe deiner Stichworte nun eine genaue Personenbeschreibung des Bankräubers. Verwende dabei treffende Verben und aussagekräftige Adjektive.**

Folgender Wortspeicher kann dir dabei helfen:

> bei sich haben – aussehen – wirken – auffällig ist – besitzen

Lernzielkontrolle (B)	Datum: _____
Thema: Personenbeschreibung (1)	Name: _____

Die Polizei sucht zwei raffinierte Bankräuber. Ein Zeuge hat nebenstehende Phantombilder entworfen. Der Polizist Herr Schlaumeier muss nun noch Personenbeschreibungen verfassen, um die Suche nach den Bankräubern einzuleiten ...

❶ Notiere dir zunächst in Stichworten ein Schreibkonzept. Kleidungsfarbe, Augenfarbe oder Haarfarbe musst du dir selbst ausdenken.

Einleitung:
- Welchen Gesamteindruck machen die Personen auf dich?
- Mache allgemeine grobe Angaben zu den Personen (z. B. Alter, Größe).

_____
_____
_____
_____
_____
_____
_____
_____

Hauptteil:
- Beschreibe das Aussehen der gesuchten Personen so genau wie möglich in einer geordneten Reihenfolge (z. B. von oben nach unten).

_____
_____
_____
_____
_____
_____
_____
_____

Lernzielkontrolle (B)	Datum: _____
Thema: Personenbeschreibung (2)	Name: _____

Schluss:
– Wie wirken die Personen auf dich?
– Was ist besonders auffällig?

(Schreiblinien)

❷ Schreibe mithilfe deiner Stichworte nun eine genaue Personenbeschreibung der beiden Bankräuber. Verwende dabei treffende Verben und aussagekräftige Adjektive.

Lernzielkontrolle (A)	Datum: _____
Thema: Unfallbericht (1)	Name: _____

❶ Unfallskizze

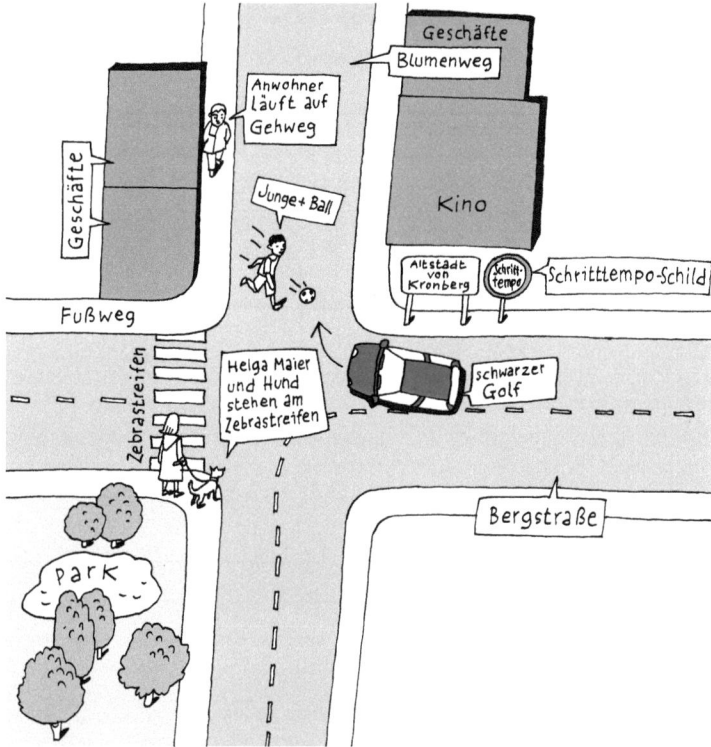

❷ Lies die Zeugenaussagen und markiere die für den Unfallhergang wichtigen Informationen.

Helga Maier, Spaziergängerin:

„Ich war am Dienstag so gegen 18.30 Uhr noch einmal mit meinem Hund Struppi im Park spazieren. Auf dem Rückweg ereignete sich der Unfall. Wir wollten gerade den Zebrastreifen überqueren, da hörten wir die Reifen quietschen. Struppi bellte laut los vor Schreck. Ein schwarzer Golf ist viel zu schnell in die Altstadt abgebogen. Immer diese Raser!"

Timo Kaiser, Autofahrer:

„In der Dämmerung habe ich beim Abbiegen von der Bergstraße in den Blumenweg den Ball und den Jungen leider schlecht erkennen können. Ich trat sofort auf meine Bremse, doch da lag der Junge schon vor meinem Auto. Meinen wichtigen Termin habe ich leider verpasst."

Leopold Winter, Anwohner:

„Der Unfall ereignete sich am 13. November 2012 in der Kronberger Altstadt. Ich war gerade auf dem Weg zum Kino, als ich einen Ball über die Straße rollen sah. Ein Junge rannte dem Ball blitzschnell hinterher, ohne dabei auf den Verkehr zu achten. Zum Glück konnte der Fahrer noch rechtzeitig bremsen. Der Junge stürzte zwar und erlitt ein paar Schürfwunden, wurde aber nicht lebensgefährlich verletzt. Ich rief einen Krankenwagen. Die Sanitäter versorgten den Jungen, der sich im Schockzustand befand und nahmen ihn zur Kontrolle mit ins Krankenhaus. Bereits am nächsten Tag konnte das Unfallopfer aus dem Krankenhaus wieder entlassen werden. Sowohl der Junge, als auch der Autofahrer kamen mit einem Schrecken davon."

❸ Notiere dir kurze Antworten zu den W-Fragen.

Nutze dazu die Informationen aus der Unfallskizze und den Zeugenaussagen.

Lernzielkontrolle (A)	Datum: _____
Thema: Unfallbericht (2)	Name: _____

Einleitung:

Wann passierte es? _____

Wo passierte es? _____

Wer war beteiligt?

_____

Was passierte?

_____

_____

_____

Hauptteil:

Wie passierte es?

_____

_____

_____

Warum passierte es?

_____

_____

_____

Schluss:

Welche Folgen gab es?

_____

_____

_____

❹ Schreibe dann den Bericht, wie er am nächsten Tag in der Zeitung stehen könnte.

❺ Finde eine passende Überschrift.

Lernzielkontrolle (B)
Thema: Unfallbericht

Datum: _____

Name: _____

❶ Lies die Zeugenaussagen und markiere die für den Unfallhergang wichtigen Informationen.

Helga Maier, Spaziergängerin:

„Ich war am Dienstag so gegen 18.30 Uhr noch einmal mit meinem Hund Struppi im Park spazieren. Auf dem Rückweg ereignete sich der Unfall. Wir wollten gerade den Zebrastreifen überqueren, da hörten wir die Reifen quietschen. Struppi bellte laut los vor Schreck. Ein schwarzer Golf ist viel zu schnell von der Bergstraße in die Altstadt abgebogen. Immer diese Raser!"

Timo Kaiser, Autofahrer:

„In der Dämmerung habe ich beim Abbiegen von der Bergstraße in den Blumenweg den Ball und den Jungen leider schlecht erkennen können. Ich trat sofort auf meine Bremse, doch da lag der Junge schon vor meinem Auto. Meinen wichtigen Termin habe ich leider verpasst. Ich mache mir solche Vorwürfe. Ich hätte gerade an dieser unübersichtlichen Stelle besonders vorsichtig sein müssen."

Leopold Winter, Anwohner:

„Der Unfall ereignete sich am 13. November 2012 in der Kronberger Altstadt. Ich war gerade auf dem Weg zum Kino, als ich einen Ball über die Straße rollen sah. Ein Junge rannte dem Ball blitzschnell hinterher, ohne dabei auf den Verkehr zu achten. Zum Glück konnte der Fahrer noch rechtzeitig bremsen. Der Junge stürzte zwar und erlitt ein paar Schürfwunden, wurde aber nicht lebensgefährlich verletzt. Ich rief einen Krankenwagen. Die Sanitäter versorgten den Jungen, der sich im Schockzustand befand und nahmen ihn zur Kontrolle mit ins Krankenhaus. Sowohl der Junge, als auch der Autofahrer kamen mit einem Schrecken davon."

Adam Löw, Sanitäter:

„Als wir zur Unfallstelle im Blumenweg in Kronberg kamen, war der angefahrene Junge noch unter Schockzustand. Allerdings konnten wir sehr schnell Entwarnung geben. Die Polizei informierte seine Eltern und wir nahmen ihn für weitere Untersuchungen vorsorglich mit ins Krankenhaus. Er konnte es jedoch bereits am nächsten Morgen mit dem Versprechen zukünftig besser auf den Verkehr zu achten wieder verlassen."

❷ Notiere die W-Fragen und beantworte sie in Stichworten.

❸ Schreibe dann den Bericht, wie er am nächsten Tag in der Zeitung stehen könnte.

❹ Finde eine passende Überschrift.

Lernzielkontrolle (A)	Datum: _____
Thema: Erzähltexte – Fabeln (1)	Name: _____

Der Fuchs und der Storch (nach Aesop)

Ein Fuchs hatte einen Storch zu Gaste gebeten, und setzte die leckersten Speisen vor, aber nur auf ganz flachen Schüsseln, aus denen der Storch mit seinem langen Schnabel nichts fressen konnte. Gierig fraß der Fuchs alles allein, obgleich er den Storch unaufhörlich bat, es sich doch schmecken zu lassen.
Der Storch fand sich betrogen, blieb aber heiter, lobte außerordentlich die Bewirtung und bat seinen Freund auf den andern Tag zu Gaste. Der Fuchs mochte wohl ahnen, dass der Storch sich rächen wollte, und wies die Einladung ab. Der Storch ließ aber nicht nach, ihn zu bitten, und der Fuchs willigte endlich ein.
Als er nun anderen Tages zum Storche kam, fand er alle möglichen Leckerbissen aufgetischt, aber nur in langhalsigen Geschirren. „Folge meinem Beispiele", rief ihm der Storch zu, „tue, als wenn du zu Hause wärest." Und er schlürfte mit seinem Schnabel ebenfalls alles allein, während der Fuchs zu seinem größten Ärger nur das Äußere der Geschirre belecken konnte und nur das Riechen hatte.
Hungrig stand er vom Tische auf und gestand zu, dass ihn der Storch für seinen Mutwillen hinlänglich gestraft habe.

❶ Kreuze die richtigen Antworten an.

a) Wozu lud der Fuchs den Storch zu sich ein?
○ zum gemeinsamen Kochen
○ zum gemeinsamen Spielen
○ zum gemeinsamen Essen

b) Warum konnte der Storch nichts essen?
○ Ihm war übel.
○ Das Geschirr war für seinen Schnabel zu flach.
○ Das Geschirr war für seinen Schnabel zu tief.

c) Wie verhielt sich der Fuchs
○ Er holt passendes Geschirr.
○ Er isst allein weiter.
○ Er füttert den Storch.

d) Wie reagierte der Storch
○ Er verlässt wütend das Haus.
○ Er bedankt sich beim Fuchs.
○ Er lädt ihn zu sich ein.

e) Was aß der Fuchs?
○ alle Leckerbissen
○ manche Leckerbissen
○ gar keine Leckerbissen

f) Wie ging der Fuchs fort?
○ glücklich
○ hungrig
○ verärgert

❷ Beschreibe in deinen Worten wie der Storch sich beim Fuchs verhält und wie er sich fühlt.

_____
_____
_____
_____
_____

| Lernzielkontrolle (A) | Datum: _____ |
| Thema: Erzähltexte – Fabeln (2) | Name: _____ |

❸ Belege drei Fabelmerkmale am Text „Der Fuchs und der Storch".

Merkmale von Fabeln allgemein	„Der Fuchs und der Storch"
Tiere oder Pflanzen handeln wie Menschen	
Tiere reden – Gebrauch der wörtlichen Rede	
Tiere haben menschliche Eigenschaften	

❹ Welche drei Eigenschaften passen jeweils zum Fuchs und zum Storch. Wähle aus und ordne zu.

> heuchlerisch – naiv – schlau – mutig – gutmütig – eitel – mächtig – lieb – clever – schnell – gutmütig – unehrlich – egoistisch – hinterlistig

Fuchs: _____

Storch: _____

❺ Welches Tier hat deiner Meinung nach richtig gehandelt? Begründe.

_____

_____

❻ Welche Überschrift passt zur Fabel „Der Fuchs und der Storch"? Kreuze an.
- ○ Eine Hand wäscht die andere.
- ○ Wie du mir, so ich dir.

❼ Welche Lehre passt zu der Fabel. Kreuze an.
- ○ „Auch der Schwächste kann einmal dem Stärksten helfen."
- ○ „Was du nicht willst, das man dir tu', das füg' auch keinem anderen zu."
- ○ „Wenn zwei sich streiten, freut sich der Dritte."

❽ Erzähle zu der Lehre ein passendes Beispiel aus deinem Leben.

_____

_____

_____

_____

_____

Lernzielkontrolle (B)

Thema: Erzähltexte – Fabeln (1)

Datum: _____

Name: _____

Der Fuchs und der Storch (nach Aesop)

Ein Fuchs hatte einen Storch zu Gaste gebeten, und setzte die leckersten Speisen vor, aber nur auf ganz flachen Schüsseln, aus denen der Storch mit seinem langen Schnabel nichts fressen konnte. Gierig fraß der Fuchs alles allein, obgleich er den Storch unaufhörlich bat, es sich doch schmecken zu lassen.

Der Storch fand sich betrogen, blieb aber heiter, lobte außerordentlich die Bewirtung und bat seinen Freund auf den andern Tag zu Gaste. Der Fuchs mochte wohl ahnen, dass der Storch sich rächen wollte, und wies die Einladung ab. Der Storch ließ aber nicht nach, ihn zu bitten, und der Fuchs willigte endlich ein.

Als er nun anderen Tages zum Storche kam, fand er alle möglichen Leckerbissen aufgetischt, aber nur in langhalsigen Geschirren. „Folge meinem Beispiele", rief ihm der Storch zu, „tue, als wenn du zu Hause wärest." Und er schlürfte mit seinem Schnabel ebenfalls alles allein, während der Fuchs zu seinem größten Ärger nur das Äußere der Geschirre belecken konnte und nur das Riechen hatte.

Hungrig stand er vom Tische auf und gestand zu, dass ihn der Storch für seinen Mutwillen hinlänglich gestraft habe.

❶ Beantworte folgende Fragen in ganzen Sätzen.

a) Wozu lud der Fuchs den Storch zu sich ein?

_____
_____

b) Warum konnte der Storch nichts essen?

_____
_____

c) Wie verhielt sich der Fuchs?

_____
_____

d) Wie fühlte sich der Storch und wie verhielt er sich?

_____
_____

e) Was passierte dem Fuchs beim Storch?

_____
_____

f) Mit welchem Gefühl ging der Fuchs fort?

_____
_____

| Lernzielkontrolle (B) | Datum: _____ |
| Thema: Erzähltexte – Fabeln (2) | Name: _____ |

❷ Nenne drei Merkmale von Fabeln und belege sie am Text.

Merkmale von Fabeln allgemein	„Der Fuchs und der Storch"

❸ Welche drei Eigenschaften passen zum Fuchs und zum Storch?

Fuchs: _____   Storch: _____

❹ a) Wie findest du die folgende Reaktion des Storches? Begründe.

„Der Storch fand sich betrogen, blieb aber heiter, lobte außerordentlich die Bewirtung ..."

_____

_____

b) Welches Tier hat deiner Meinung nach richtig gehandelt? Begründe.

_____

_____

❺ a) Welche Überschrift passt zur Fabel „Der Fuchs und der Storch"? Kreuze an.

○ Eine Hand wäscht die andere.   ○ Zwei Streithähne   ○ Wie du mir, so ich dir.

b) Begründe deine Auswahl.

_____

❻ Welche Verhaltensweisen werden in der Fabel kritisiert?

_____

_____

❼ Formuliere eine Lehre zu der Fabel.

_____

_____

❽ Erzähle zu der Lehre ein passendes Beispiel aus deinem Leben.

_____

_____

Lernzielkontrolle (A)	Datum: _____
Thema: Sachtexte (1)	Name: _____

❶ Lies den folgenden Sachtext mehrfach durch und ordne die folgenden Überschriften den passenden Abschnitten zu

> Tiefgekühlter Mann aus der Steinzeit – Forschungsergebnisse – Geheimnisse Ötzis – Leichenfund in den Alpen – Namensherkunft des Toten

Der Mann aus dem Eis

_____

1 1991 entdeckte ein Ehepaar in den Alpen beim Wandern eine Leiche. Sie gingen von einem
2 verunglückten Bergsteiger aus. Niemand hätte damit gerechnet, dass es sich bei der Leiche um
3 eine Sensation handelt: Der Mann aus dem Eis lebte vor über 5000 Jahren.

_____

4 Was war an diesem Fund so besonders? Forscher hatten bereits zuvor Knochen und Überreste aus der
5 Vergangenheit gefunden. Jedoch keinen so gut erhaltenen Leichnam. Durch das Gletschereis war der
6 Mann „eingefroren" worden und somit der Nachwelt erhalten geblieben.

_____

7 Der Tote wurde nach seinem Fundort oberhalb des Ötztals liebevoll Ötzi genannt. Es war nicht einfach
8 in den Bergen nach weiteren möglichen Überresten aus der Vergangenheit zu suchen. Im Gletschereis
9 mussten die Forscher besonders vorsichtig vorgehen, um keine Funde unnötig zu verletzen.

_____

10 Die Untersuchungen der Wissenschaftler haben viele Details über Ötzis Leben herausfinden können.
11 Durch die moderne Wissenschaft wissen wir heute, dass er ungefähr 1,60 m groß war und eine schlanke
12 Figur hatte. Zu seinem Todeszeitpunkt war Ötzi etwa 45 Jahre alt. Der blauäugige Mann hatte dunkle
13 lockige Haare und zahlreiche Verletzungen an seinem Körper.

_____

14 Vieles konnte über das Leben des Mannes aus der Steinzeit herausgefunden werden. Was er jedoch
15 in den Bergen machte, ob er krank war und letztendlich woran er gestorben ist, können die
16 Wissenschaftler nicht genau sagen. Sie vermuten, dass er an einem Pfeilschuss oder an einer Hirnblutung
17 infolge eines Sturzes gestorben ist. Das bleiben jedoch Vermutungen. Die genauen Tatumstände, die
18 Todesursache und das Ziel seiner Reise bleiben wohl für immer Ötzis Geheimnis.

❷ Welche Aussagen sind richtig? Kreuze an.

○ 1991 entdeckten Wanderer die Leiche eines verunglückten Bergsteigers.
○ Die Forscher konnten alles über Ötzis Leben herausfinden.
○ Die genaue Todesursache bleibt für immer Ötzis Geheimnis.
○ Das Ziel Ötzis Wanderung durch die Berge war die Zugspitze.
○ Ötzi lebte in der Steinzeit.

Lernzielkontrolle (A)   Datum: _____

Thema: Sachtexte (2)   Name: _____

❸ Richtig oder falsch?

Aussagen	richtig	falsch
Der Text handelt von einem verunglückten Bergsteiger aus dem Jahr 1991.		
Der Text beschreibt den sensationellen Fund von Ötzi, einem Mann aus der Steinzeit.		
Der Text beschreibt die Schwierigkeiten und Erkenntnisse der Forscher nach dem Fund einer Leiche aus der Steinzeit.		
Der Text ist ein Forschungsbericht über den Umgang mit verunglückten Wanderern.		

❹ Warum wurde der Tote aus der Steinzeit „Ötzi" genannt?

_____

_____

❺ Im Text steht, was die Forscher über den „Mann aus dem Eis" herausgefunden haben. Was können sie über Ötzi sagen? Schreibe die Merkmale mit Zeilenangaben auf.

→ _____ (Z. ___)   → _____ (Z. ___)

→ _____ (Z. ___)   → _____ (Z. ___)

→ _____ (Z. ___)   → _____ (Z. ___)

→ _____ (Z. ___)

❻ Kreuze die richtige Antwort an:

Die Wissenschaftler   ○ wissen,   ○ bezweifeln,   ○ schließen aus,   ○ nehmen an, dass Ötzi an einer Schussverletzung oder einer Hirnblutung gestorben ist.

❼ Schreibe auf, welche Details wohl für immer Ötzis Geheimnis bleiben.

_____

_____

❽ Kreuze an, was die folgenden Wörter bedeuten.

a) Als Sensation wird ... (Z. 3)

○ ein außergewöhnliches Ereignis bezeichnet.

○ eine wissenschaftliche Ausgrabung bezeichnet.

○ ein Fernsehbericht bezeichnet.

b) Vermutungen bedeuten, (Z. 17)

○ dass man etwas sicher ausschließen kann.

○ dass man etwas sicher weiß, aber nicht sagen will.

○ dass man etwas nicht sicher weiß, es aber Hinweise für diese Gedanken gibt.

Lernzielkontrolle (B)	Datum: _____
Thema: Sachtexte (1)	Name: _____

❶ Lies den folgenden Sachtext mehrfach durch. Finde danach eine passende Überschrift und Zwischenüberschriften.

_____

_____

1 1991 entdeckte ein Ehepaar in den Alpen beim Wandern eine Leiche. Sie gingen von einem ver-
2 unglückten Bergsteiger aus. Niemand hätte damit gerechnet, dass es sich bei der Leiche um eine
3 Sensation handelt: Der Mann aus dem Eis lebte vor über 5000 Jahren.

_____

4 Was war an diesem Fund so besonders? Forscher hatten bereits zuvor Knochen und Überreste aus der
5 Vergangenheit gefunden. Jedoch keinen so gut erhaltenen Leichnam aus der Steinzeit. Durch das
6 Gletschereis war der Mann „eingefroren" worden und somit der Nachwelt erhalten geblieben.

_____

7 Der Tote wurde nach seinem Fundort oberhalb des Ötztals liebevoll Ötzi genannt. Es war nicht einfach
8 in den Bergen nach weiteren möglichen Überresten aus der Vergangenheit zu suchen. Im Gletschereis
9 mussten die Forscher besonders vorsichtig vorgehen, um keine Funde unnötig zu verletzen.

_____

10 Die Untersuchungen der Wissenschaftler haben viele Details über Ötzis Leben herausfinden können.
11 Durch die moderne Wissenschaft wissen wir heute, dass er ungefähr 1,60 m groß war und eine schlanke
12 Figur hatte. Zu seinem Todeszeitpunkt war Ötzi etwa 45 Jahre alt. Der blauäugige Mann hatte dunkle
13 lockige Haare und zahlreiche Verletzungen an seinem Körper.

_____

14 Vieles konnte über das Leben des Mannes aus der Steinzeit herausgefunden werden. Was er jedoch
15 in den Bergen machte, ob er krank war und letztendlich woran er gestorben ist, können die
16 Wissenschaftler nicht genau sagen. Sie vermuten, dass er an einem Pfeilschuss oder an einer Hirnblutung
17 infolge eines Sturzes gestorben ist. Das bleiben jedoch Vermutungen. Die genauen Tatumstände, die
18 Todesursache und das Ziel seiner Reise bleiben wohl für immer Ötzis Geheimnis.

❷ Nachdem du den Text gelesen hast, versuche in 1–2 Sätzen zu beschreiben, worum es geht.

_____

_____

_____

Lernzielkontrolle (B)	Datum: _____
Thema: Sachtexte (2)	Name: _____

❸ Welche Aussagen sind richtig? Kreuze an.
- ○ 1991 entdeckten Wanderer die Leiche eines verunglückten Bergsteigers.
- ○ Die Forscher konnten vieles über „Ötzi" herausfinden, jedoch nicht alles.
- ○ Ötzi war zwischen 40 und 50 Jahre alt.
- ○ Die genaue Todesursache bleibt für immer Ötzis Geheimnis.
- ○ Das Ziel Ötzis Wanderung durch die Berge war die Zugspitze.
- ○ Das Gletschereis erschwerte den Forschern die Arbeit.
- ○ Ötzi lebte in der Steinzeit.

❹ Warum wurde der Tote aus der Steinzeit „Ötzi" genannt?

_____

_____

❺ Im Text steht, was die Forscher über den „Mann aus dem Eis" herausgefunden haben. Was können sie über Ötzi sagen? Schreibe die Merkmale mit Zeilenangaben auf.

→ _____ (Z. ___)   → _____ (Z. ___)

→ _____ (Z. ___)   → _____ (Z. ___)

→ _____ (Z. ___)   → _____ (Z. ___)

→ _____ (Z. ___)

❻ Konnten die Forscher Ötzi alle Geheimnisse entnehmen? Begründe deine Antwort mit Zeilenangaben aus dem Text.

_____

_____

❼ Kreuze die richtige Antwort an:

Die Wissenschaftler   ○ wissen,   ○ bezweifeln,   ○ schließen aus,   ○ nehmen an,

dass Ötzi an einer Schussverletzung oder einer Hirnblutung gestorben ist.

❽ Versuche in eigenen Worten zu erklären, was diese Wörter bedeuten:

a) Vermutungen

_____

_____

b) Details

_____

_____

Lernzielkontrolle (A)

Thema: Tabellen und Diagramme (1)

Datum: _____

Name: _____

Essen in der Schule

Wie gut oder schlecht sind Schulkantinen? Immer wieder gibt es Berichte über schlechtes Essen in der Schule.

Es bestand teilweise sogar der Verdacht, dass das Essen krank macht. Dabei ist eine gesunde Ernährung für Kinder besonders wichtig.

Im Folgenden siehst du nun ein Diagramm über die Zufriedenheit der Baumschule mit ihrer Schulkantine.

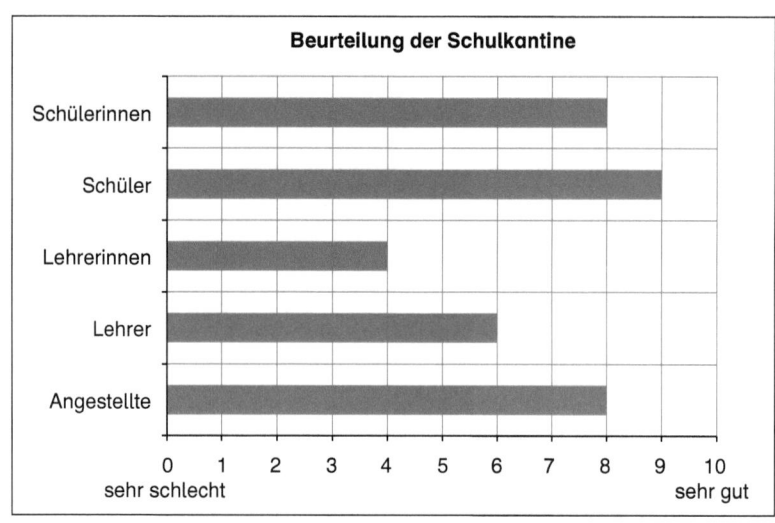

❶ Um welche Art von Diagramm handelt es sich hierbei? Kreuze an.

○ Kreisdiagramm   ○ Balkendiagramm   ○ Punktdiagramm

❷ Beschreibe in eigenen Worten, was das Diagramm ausdrückt.

_____

_____

_____

_____

❸ Von welcher Verbrauchergruppe bekam die Schulkantine der Baumschule die schlechteste Bewertung?

_____

_____

_____

_____

❹ Notiere den Unterschied zwischen Schülerinnen und Schülern bezüglich ihrer Bewertung der Schulkantine.

_____

_____

_____

Lernzielkontrolle (A)
Thema: Tabellen und Diagramme (2)

Datum: _____
Name: _____

❺ Kreuze die richtigen Aussagen an.

○ Die Schülerinnen und Schüler der Baumschule sind zufriedener mit ihrer Schulkantine als die Lehrerinnen und Lehrer.

○ Angestellte sind dagegen weniger zufrieden mit dem Essen der Schulkantine als die Schülerinnen und Schüler.

○ Die beste Bewertung liegt bei 8 von möglichen 10 Bewertungspunkten.

○ Die Schulkantine wird insgesamt mit einer Skala zwischen 4 und 9 Punkten von insgesamt 10 Punkten bewertet.

○ Alles in allem sind die Besucher der Schulkantine mit ihrem Schulessen zufrieden.

❻ Tabellen auswerten

Im Folgenden siehst du, was es diese Woche in der Schulkantine der Baumschule zu essen gab.

Tag	Menü 1	Menü 2
Montag	Gemüseeintopf mit Würstchen und Brötchen	Gemüseeintopf ohne Würstchen mit Brötchen
Dienstag	Pfannkuchen	–
Mittwoch	Hamburger mit einem Wackelpudding als Dessert	Fischburger mit Obst als Dessert
Donnerstag	Spaghetti Bolognese mit Salat	Nudelauflauf mit Gemüse
Freitag	Hähnchenschenkel mit Bratkartoffeln und Gemüse	–

Kreuze an, ob die Aussagen über die Tabelle richtig oder falsch sind.

Aussagen	richtig	falsch
Es gibt jeden Tag eine Auswahl zwischen zwei Menüs.		
Menü 2 ist fleischlos und richtet sich an die Vegetarier.		
Der Speiseplan ist wenig abwechslungsreich.		
Es gibt jeden Tag einen Salat oder ein Dessert.		

Lernzielkontrolle (B)

Thema: Tabellen und Diagramme (1)

Datum: _____

Name: _____

Essen in der Schule

Wie gut oder schlecht sind Schulkantinen? Immer wieder gibt es Berichte über schlechtes Essen in der Schule. Es bestand teilweise sogar der Verdacht, dass das Essen krank macht. Dabei ist eine gesunde Ernährung für Kinder besonders wichtig. Im Folgenden siehst du nun zwei Diagramme über die Zufriedenheit der Baumschule bzw. der Sonnenschule mit ihrer Schulkantine.

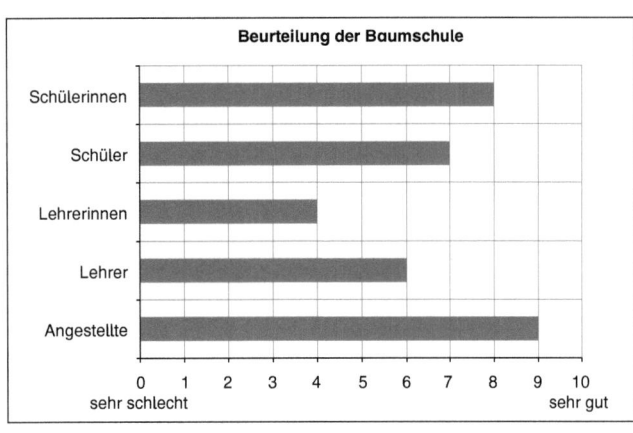
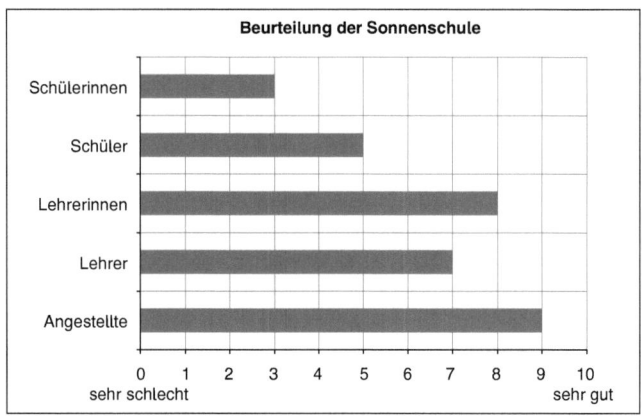

❶ Um welche Art von Diagramme handelt es sich hierbei? Kreuze an.

○ Kreisdiagramm ○ Balkendiagramm ○ Punktdiagramm

❷ Beschreibe in eigenen Worten, was die Diagramme ausdrücken.

_____
_____
_____

❸ Von welcher Verbrauchergruppe bekam die Schulkantine der Baumschule die schlechteste Bewertung?

_____

❹ Notiere den Unterschied zwischen Schülerinnen und Schülern bezüglich ihrer Bewertung der Schulkantine in der Baumschule und der Sonnenschule. Was fällt dir dabei auf?

_____
_____
_____

❺ Welche Verbrauchergruppen bewerten die Schulkantinen beider Schulen einigermaßen gleich?

_____
_____

| Lernzielkontrolle (B) | Datum: _____ |
| Thema: Tabellen und Diagramme (2) | Name: _____ |

❻ Welchen Gesamteindruck hast du über die Zufriedenheit der Schulkantinen durch die beiden Diagramme gewonnen?

_____
_____

❼ Kreuze die richtigen Aussagen an.

○ Die Schülerinnen und Schüler der Sonnenschule sind zufriedener mit ihrer Schulkantine als die Lehrerinnen und Lehrer.

○ Angestellte der Baumschule sind dagegen weniger zufrieden mit dem Essen der Schulkantine als die Schülerinnen und Schüler.

○ Die beste Bewertung in beiden Schulkantinen liegt bei 9 von möglichen 10 Bewertungspunkten.

○ Die Schulkantinen werden insgesamt mit einer Skala zwischen 3 und 9 Punkten bewertet.

○ Die beste Bewertung des Essens geben in beiden Schulen die Angestellten ab.

❽ Tabellen auswerten

Im Folgenden siehst du, was es diese Woche in der Schulkantine der Baumschule zu essen gab.

Tag	Menü 1	Menü 2
Montag	Gemüseeintopf mit Würstchen und Brötchen	Gemüseeintopf ohne Würstchen mit Brötchen
Dienstag	Pfannkuchen	–
Mittwoch	Hamburger mit einem Wackelpudding als Dessert	Fischburger mit Obst als Dessert
Donnerstag	Spaghetti Bolognese mit Salat	Nudelauflauf mit Gemüse
Freitag	Hähnchenschenkel mit Bratkartoffeln und Gemüse	–

Mache Aussagen über die Tabelle bzw. kreuze an, ob die Aussage richtig oder falsch ist.

a) Es gibt jeden Tag eine Auswahl zwischen zwei Menüs. ○ richtig ○ falsch

b) Was ist insgesamt der Unterschied zwischen Menü 1 und Menü 2?

_____
_____

c) Es gibt jeden Tag einen Salat oder ein Dessert. ○ richtig ○ falsch

d) Ist der Speiseplan der Baumschule deiner Meinung nach abwechslungsreich? Begründe deine Antwort.

_____
_____

Lösungen

s-Laute (A) — Seite 5

❶ stimmhafte s – das stimmlose s – das stimmhafte s – stimmlose

❷ ss schreibe ich nach einem kurzen betonten Vokal und bei stimmlosem s-Laut.
ß schreibe ich nach einem langen betonten Vokal und bei stimmlosem s-Laut.

❸ Füße, Besen, Tasse, Rose, Messer

❹
Maus	Reise	müssen	Kuss
Kasse	lesen	Beweis	Wiese

❺ die Häuser – die Meisen – die Küsse – die Schlösser – die Grüße

❻ Wasser – Kasten – **muß** – **Schloß** – Schüsse – fasten – **Schlüßel** – lustig – **Hoße**

❼ a) Fußball wird mit ß geschrieben, weil ß bei stimmlosen s-Laut und nach einem langen betonten Vokal (u) geschrieben wird.
b) Bisse wird mit ss geschrieben, weil ss bei stimmlosen s-Laut und nach kurzem betonten Vokal (i) geschrieben wird.

❽ Der Arzt **misst** meine **Größe**. / Ich kenne viele **Hunderassen**. / Meine Lehrerin versteht viel **Spaß**. / Die Hauptstadt von **Hessen** ist Wiesbaden. / Wir bekommen im Flur neue **Bodenfliesen**. / Meine neue **Bluse** hat bereits einen **Riss**. / Der Gärtner **gießt** die **Rosen** im **Schlossgarten**. / Viele **Mäuse** lieben **Käse**. / Ich liebe **süße Speisen**. / Im **Gras** sitzen **süße Hasen**. / Ein Zug **entgleiste** in der Nähe von **Kassel**. / Grüne **Soße** ist mein **Lieblingsessen**.

s-Laute (B) — Seite 7

❶ a) s – Hase b) ss – Kasse c) ß – Fuß
(Beispiellösungen)

❷ Ein stimmhafter s-Laut wird immer als s geschrieben.

❸
Aussagen	richtig	falsch
Nach einem langen Vokal oder nach einem Diphthong steht s oder ß.	X	
Nach einem langen Vokal oder nach einem Diphthong steht s oder ss.		X
Nach einem langen Vokal oder nach einem Diphthong schreibt man den stimmlosen s-Laut mit ß.	X	
Nach einem kurzen betonten Vokal schreibt man den stimmlosen s-Laut meistens mit ss.	X	

❹ bissig, heißen, Hessen, Nussbaum, Besen, Meise, lesen, vergesslich, beißen, Gruß, genießen, messen, hassen, Grießklöße, riesig, zerrissen

❺ die Ergebnisse – die Zeugnisse – die Beweise – die Atlanten/Atlasse – die Globen/Globusse – die Zirkusse

❻ a) **Floß**: Nach einem langen Vokal (o) folgt ein stimmloser s-Laut. Die Verlängerungsprobe zeigt, dass der s-Laut stimmlos bleibt und somit mit ß geschrieben wird. **Floß – Flöße**
b) **Glas**: Nach einem langen Vokal (a) folgt ein stimmloser s-Laut. Die Verlängerungsprobe zeigt, dass der s-Laut stimmhaft wird und somit mit s geschrieben wird. **Glas – Gläser**
c) **Kuss**: Nach einem kurzen betonten Vokal schreibt man den stimmlosen s-Laut meistens mit ss.

❼ wir schossen, sie aßen, sie ließ, ich vergaß

Groß- und Kleinschreibung (A) — Seite 9

❶ a) Nomen/Substantive werden großgeschrieben. Eigennamen, schreibt man groß.
b) Satzanfänge werden groß geschrieben. (→ richtig)

❷ -heit, -keit, -nis, -schaft, -ung, -tum

❸ a) Ich gehe mit dem Hund durch den Park spazieren.
b) Anna ist die Freundschaft zu Ben sehr wichtig.

❹ *Fehler:*
a) Ponto, alten, Schloss
b) küsste, Freundlichkeit, Hand
c) Manchmal, Sommer, dem Fahrrad, Frankfurt

Groß- und Kleinschreibung (B) — Seite 10

❶ Alle Nomen/Substantive werden großgeschrieben. Satzanfänge werden immer großgeschrieben. Wörter mit den Endungen -schaft, -keit, -heit, -nis, -tum schreibt man groß. Eigennamen werden großgeschrieben.

❷ -heit, -keit, -nis, -schaft, -ung, -tum

❸ **Ich bin hier nur der Hund.** Ich bin gerade von einem langen Spaziergang gekommen. Wie immer will ich mich auf meine Decke legen. Meine Nase hat es schon bemerkt. Mein Platz ist besetzt. Aber das ist doch mein Eigentum. Ich knurre laut. So eine Gemeinheit! Der neue Mitbewohner oder mein Feind heißt Peet, ein kleiner schwarzer Kater. Ich hoffe, das alles ist nur ein böser Traum. Wann wache ich endlich auf?

❹ a) Begründung: Substantiv, Wort mit Endung -schaft
b) Begründung: Eigenname
c) Begründung: Satzanfang

Lösungen

Lange und kurze Vokale (A) — Seite 12

❶

Aussagen	richtig	falsch
Nach einem betonten kurzen Vokal folgen fast immer mehrere Konsonanten.	X	
Nach einem betonten kurzen Vokal schreibt man ck statt kk.	X	
Ein Doppelkonsonant folgt meistens nach einem langen Vokal.		X
Manchmal kann auf einen betonten kurzen Vokal auch nur ein einziger Konsonant folgen.	X	
Ein Dehnungs-h kann einen kurzen Vokal kennzeichnen.		X
Die langen Vokale i und u kann man als Doppelvokal schreiben.		X
Die langen Vokale a, e und o schreibt man in einigen Wörtern als Doppelvokal.	X	

❷ Wal, Messer, Hose, Schnee, Kamm, Biene

❸ a) Nach einem kurzen betonten Vokal schreibt man tz. Nach einem langen Vokal / Diphthong schreibt man z.
b) Hetze, Kreuz, Satz, Heizung, Katze, Schnauze

❹ a) Der **Ball** rollt auf die Straße. Der Lehrer wirft mir böse **Blicke** zu. Im Sommer gehen wir oft **schwimmen**.
b) Am Auto hängt eine rote **Fahne**. Heute ist ein schöner **Tag**. Maria hat eine gute **Idee**.

Lange und kurze Vokale (B) — Seite 14

❶

Aussagen	richtig	falsch
Nach einem betonten kurzen Vokal folgen fast immer mehrere Konsonanten.	X	
Nach einem betonten kurzen Vokal schreibt man ck statt kk.	X	
Ein Doppelkonsonant folgt meistens nach einem langen Vokal.		X
Manchmal kann auf einen betonten kurzen Vokal auch nur ein einziger Konsonant folgen.	X	

❷ Die lang gesprochenen Vokale **a**, **e**, **o** und **u** werden meistens als einfache Buchstaben geschrieben. Ein langer Vokal kann in manchen Wörtern auch durch ein **h/Dehnungs-h** gekennzeichnet werden (zum Beispiel: Kohle). Man schreibt lang gesprochene **i**-Laute mit **ie**. Es werden nur ganz wenige Wörter mit **ih** geschrieben. Ein langes **a**, **e**, **o** schreibt man in einigen Wörtern als **Doppelvokal** (zum Beispiel: Moor). Umlaute schreibt man nie doppelt. *Individuelle Schülerlösung z. B. Käse*

❸ a) **Folgende Aussagen sind richtig**
Tatze: Nach einem kurzen betonten Vokal schreibt man tz / Kreuz: Nach langen Vokalen/Diphtongen schreibt man z.
b) Hetze, Ranzen, Satz, Kanzlerin, Katze, Heizung, schützen, Witze, Konzert, verletzen, Schnauze, pflanzen

❹ a) wieder = gleich, erneut, noch einmal / wider = dagegen, entgegen
b) Der Schüler widerspricht dem Lehrer. Ich werde morgen meine Tante nach langer Zeit wiedersehen. Papa kann der Schokolade nicht widerstehen. Die Ergebnisse spiegeln die Fähigkeiten der Schüler wieder.

❺ a) Der Ball rollt auf die Straße.
b) Im Sommer komme ich schnell ins Schwitzen.
c) Am Auto hängt eine rote Fahne.
d) Heute ist ein schöner Tag.
e) Der Lehrer wirft mir böse Blicke zu.
f) Maria hat eine tolle Idee.
g) Am liebsten schlecke ich Erdbeereis.
h) Linda hat ihren Schulranzen vergessen.

Wortarten I (A) — Seite 16

❶ Nomen bezeichnen Lebewesen, Dinge und Gefühle. Sie werden **großgeschrieben**. Vor einem **Nomen** kann man immer **der**, **die** oder **das** setzen. Diese Begleiter nennt man **bestimmte Artikel**.

❷

Aussagen	richtig	falsch
Verben werden immer kleingeschrieben.	X	
Verben kann man nicht konjugieren.		X
Adjektive beschreiben Eigenschaften und Merkmale von Lebewesen und Gegenständen.	X	
Adjektive werden großgeschrieben.		X

❸

Genus	Singular	Plural
Neutrum	das Rad	die Räder
Maskulinum	der Spatz	die Spatzen
Femininum	die Tasche	die Taschen
Neutrum	das Haus	die Häuser

❹

	Fragewörter	Kasus
Der Klassenraum der Klasse 5a ist weihnachtlich geschmückt.	Wessen Klassenraum ist weihnachtlich geschmückt?	Genitiv
Von den Kindern wird ein Adventskalender aufgehängt.	Wer oder was wird von den Kindern aufgehängt?	Nominativ
Die Lehrerin schenkt der Klasse einen Adventskranz.	Wem schenkt die Lehrerin einen Adventskranz?	Dativ
Tom zündet die erste Kerze des Adventskranzes an.	Wessen erste Kerze zündet Tom an?	Genitiv
Alle singen zusammen ein Weihnachtslied.	Wen oder was singen alle zusammen?	Akkusativ

❺ Mein Hund ist drei Jahre alt und heißt Paule. <u>Mein Hund</u> **(Er)** frisst am liebsten getrocknetes Rindfleisch. Die Nachbarskinder spielen gern mit Paule. <u>Die Nachbarskinder</u> **(Sie)** leihen sich ihn auch gern mal für einen Nachmittag aus. Sein Zuhause möchte Paule aber gegen nichts eintauschen. <u>Sein Zuhause</u> **(Es)** bedeutet ihm einfach alles.

Lösungen

6)

Positiv (Grundform)	Komparativ (Vergleichsstufe)	Superlativ (Höchststufe)
dünn	dünner	am dünnsten
schön	schöner	am schönsten
süß	süßer	am süßesten
gefährlich	gefährlicher	am gefährlichsten
viel	mehr	am meisten
tot	–	–

7)

Sätze	Tempus
Letzte Woche bekam Max einen Brief.	Präteritum
Vorhin hat er einen langen Brief geschrieben.	Perfekt
Jetzt bringt er ihn gleich zur Post.	Präsens
Max muss noch eine Briefmarke kaufen.	Präsens

8)

	Präsens	Präteritum	starkes Verb	schwaches Verb
ich	gehe	ging	X	
du	rennst	ranntest	X	
er, sie, es	lacht	lachte		X
wir	singen	sangen	X	
ihr	packt	packtet		X
sie	kämmen	kämmten		X

Wortarten I (B) — Seite 18

1)

Aussage	richtig	falsch
Nomen bezeichnen Lebewesen, Gegenstände und Gefühle.	X	
Nomen werden großgeschrieben.	X	
Vor einem Nomen steht immer direkt ein Artikel.		X
Bei Nomen kann man immer einen Artikel ergänzen.	X	
Verben werden immer kleingeschrieben.		X
Verben kann man nicht konjugieren.		X
Adjektive beschreiben Eigenschaften und Merkmale von Lebewesen und Gegenständen.	X	
Adjektive werden großgeschrieben.		X

2) das Schwert = Neutrum, Singular; die Spatzen = Maskulinum, Plural; die Maus = Femininum, Singular; die Sieger **der Vereine** = Maskulinum, Plural; das Körbchen der Katze = Femininum, Singular; das Fass = Neutrum, Singular

3) Der Klassenraum **der Klasse 5a** ist weihnachtlich geschmückt. **(Wessen? Genitiv)** Von den Kindern wird **ein Adventskalender** aufgehängt. **(Wer oder was? Nominativ)** Die Lehrerin schenkt **der Klasse** einen Adventskranz. **(Wem? Dativ)** Tom zündet die erste Kerze **des Adventskranzes** an. **(Wessen? Genitiv)** Alle singen zusammen **ein Weihnachtslied. (Wen oder Was? Akkusativ)**

4) Mein Hund ist drei Jahre alt und heißt Paule. **Er** frisst am liebsten getrocknetes Rindfleisch. Die Nachbarskinder spielen gern mit Paule. **Sie** leihen sich ihn auch gern mal für einen Nachmittag aus. Sein Zuhause möchte Paule aber gegen nichts eintauschen. **Es** bedeutet ihm einfach alles.

5) a) größer = Komparativ / schnell = Positiv / am schönsten = Superlativ

b)

viel	mehr	am meisten
gut	besser	am besten
leer	–	–
gefährlich	gefährlicher	am gefährlichsten
tot	–	–

6)

Sätze	Tempus
Letzte Woche bekam Max einen Brief.	Präteritum
Vorhin hat er einen langen Brief geschrieben.	Perfekt
Jetzt bringt er ihn gleich zur Post.	Präsens
Max muss noch eine Briefmarke kaufen.	Präsens

7)

	Präsens	Perfekt	Präteritum	starkes Verb	schwaches Verb
ich	gehe	bin gegangen	ging	X	
du	rennst	bist gerannt	ranntest	X	
er, sie, es	lacht	hat gelacht	lachte		X
wir	singen	haben gesungen	sangen	X	
ihr	packt	habt gepackt	packtet		X
sie	waschen	haben gewaschen	wuschen	X	

Satzglieder (A) — Seite 21

1) Subjekt: Wer oder was?
Prädikat: Was tut er, sie, es?
Akkusativobjekt: Wen oder was?
Dativobjekt: Wem?

2) *Individuelle Schülerlösung, z. B.:*
An seinem Schreibtisch sitzt Anton mit vielen Büchern.
Mit vielen Büchern sitzt Anton an seinem Schreibtisch.
Heute hat er viele Hausaufgaben zu erledigen.
Viele Hausaufgaben hat er heute zu erledigen.

3) Mithilfe der Umstellprobe können Satzglieder ermittelt werden.

4) Mein Bruder / leiht / mir / sein Fahrrad.

5) a) Was macht Lena mit ihren Freunden im Frankfurter Zoo?
b) Wen oder was verliert Kai auf dem Schulweg?
c) Wer bringt den Kaninchen jeden Tag frischen Löwenzahn?

Lösungen

6)

Satz	Subjekt	Prädikat	Akkusativobjekt	Dativobjekt
a)	Die Lehrerin	backt	einen Kuchen	der Klasse
b)	Dieter Bohlen	gab	eine gute Bewertung	dem Sänger

Satzglieder (B) — Seite 23

1) Prädikat: Was macht er/sie/es?
Anna feierte gestern <u>Geburtstag</u>. Sina schenkte ihr <u>einen Geburtstagskuchen mit zwölf Kerzen.</u>
Mit der Frage **„Wem"** wird das Dativobjekt ermittelt.

2) *Individuelle Schülerlösung* z. B. An seinem Schreibtisch sitzt Anton mit vielen Büchern.
Mit vielen Büchern sitzt Anton an seinem Schreibtisch. Heute hat er viele Hausaufgaben zu erledigen.
Viele Hausaufgaben hat er heute zu erledigen. Mit seinen Freunden würde er aber viel lieber Fußball im Park spielen. Viel lieber würde er aber mit seinen Freunden Fußball im Park spielen.

3) Mithilfe der Umstellprobe können Satzglieder ermittelt werden.

4)

Mein Bruder	leiht	mir	sein Fahrrad
Subjekt	Prädikat	Dativobjekt	Akkusativobjekt

5) Lena <u>hat</u> ihren Geburtstag mit Freunden am See <u>gefeiert.</u> Was hat Lena mit ihren Freunden am See gemacht? / Auf dem Schulweg verliert <u>Kai</u> sein Handy. Wer verliert auf dem Schulweg sein Handy? / Den zahmen Kaninchen bringen die Kinder jeden Tag <u>frischen Löwenzahn</u> mit. Wen oder was bringen die Kinder den zahmen Kaninchen jeden Tag mit?

6) *Individuelle Schülerlösung*

Subjekt	Prädikat	Dativobjekt	Akkusativobjekt
Die Lehrerin	verteilt	der Klasse	die Deutscharbeiten
Dieter Bohlen	gab	dem Sänger	eine gute Bewertung.

Wörtliche Rede (A) — Seite 25

1) Richtige Aussagen: Bei der wörtlichen Rede werden die Anführungszeichen am Anfang unten und am Ende oben gesetzt. / Nach der wörtlichen Rede kann ein Punkt, Komma, Ausrufezeichen oder Fragezeichen folgen.

2) *Schülerlösung* z. B.: rufen, sprechen, schreien, flüstern, antworten, brüllen, fragen usw.

3)
a) „Ich liebe es durch die Felder zu rennen", piepst der Hamster.
b) Der Löwe brüllt durch den Zoo: „Ich habe tierischen Hunger."
c) „Dieses Mal kriege ich die Katze", bellt der Hund, „und wenn es das Letzte ist, was ich tue!"

4)
a) Frau Seul sagt: „Ich habe vergessen Mehl einzukaufen."
b) „Ich muss noch mehr für die Deutscharbeit lernen", denkt Lena.
c) „Wir gehen jetzt in den Park", erzählt Herr Franke, „und treffen dort deine liebste Pudelhündin."

5)
a) „Ich kaufe ein neues Handy", sagt Anna zu ihrem Freund Maik.
b) „Schon wieder so viele Hausaufgaben", denkt Max, „ich weiß gar nicht, wie ich das alles schaffen soll."

Wörtliche Rede (B) — Seite 27

1) Richtige Aussagen:
Die wörtliche Rede besteht immer aus einem Redesatz.
Es kann auch noch ein Begleitsatz folgen.
Der Begleitsatz kann vor, nach oder zwischen der wörtlichen Rede stehen.
Durch den Begleitsatz kann deutlich werden, wer spricht.

2) Mit der **wörtlichen Rede** wird in Texten angezeigt, was jemand **wörtlich spricht** oder **denkt**.

3) *Schülerlösung* z. B.: rufen, sprechen, schreien, flüstern, antworten, brüllen, fragen usw.

4) „Ich habe so Lust auf leckere Spaghetti Bolognese!", <u>stöhnt Charlie.</u> „Wir müssen erst einmal einkaufen gehen", <u>antwortet Anna,</u> „ denn der Kühlschrank ist leer." <u>Charlie fragt seine Freundin:</u> „Kannst du nicht schnell die Zutaten besorgen?" „Lass uns heute doch mal zum besten italienischen Restaurant der Stadt gehen!", <u>schlägt Anna daraufhin vor.</u>

5)
a) „Ich kaufe ein neues Handy", sagt Anna zu ihrem Freund Maik.
b) „Schon wieder so viele Hausaufgaben", denkt Max, „ich weiß gar nicht wie ich das alles schaffen soll."
c) Jessica fragt: „Ist die Lehrerin heute krank?"

Zeichensetzung (A) — Seite 29

1) Richtige Aussagen:
a) Nach einem Aussagesatz folgt ein Punkt.
c) Nach einer Aufforderung schreibt man ein Ausrufezeichen.

2) Silvia ging gestern mit ihrem Hund spazieren. Im Park hat ihr Hund Struppi plötzlich einen Hasen gesehen. Wo will Struppi nur hin? Doch alles Rufen von Silvia war umsonst. Ob der Hase ihm wohl entkommen ist? Eine Minute später kam Struppi zurück. „Struppi, mach so etwas nie wieder!"

3) Richtige Aussagen: Bei Aufzählungen steht vor und/oder kein Komma. / Ein Komma kann durch „und" ersetzt werden.

Lösungen

❹
a) In der Zoohandlung kann man Hamster, Kaninchen, Vögel, Schlangen und Fische kaufen.
b) Peter, Marie, Max, Lennart und Pia haben sich im Urlaub kennengelernt.
c) Ich habe heute aus dem Kleiderschrank meine blaue Jeans, den kuscheligen Winterpullover und den gelben Schal aussortiert.

Zeichensetzung (B) — Seite 30

❶ richtige Aussagen:
a) Nach einem Aussagesatz folgt ein Punkt.
c) Nach einer Aufforderung schreibt man ein Ausrufezeichen.

❷ *Individuelle Schülerantworten sollten folgende Aussagen beinhalten:*
Vor **und** oder **oder** steht kein Komma. / Nach Aufzählungen/Aneinanderreihung von Wörtern/ Wortgruppen steht ein Komma.

❸ Verbesserung:
a) In der Zoohandlung kann man Hamster, Kaninchen, Vögel, Schlangen und Fische kaufen.
b) Ich habe heute meine große Schwester, ihren besten Freund und eine alte Nachbarin auf der Straße getroffen.
c) Am liebsten lese ich in dem alten, dicken, von der Großmutter stammenden Märchenbuch.

❹ Lena ging gestern mit ihrem Hund spazieren. Im Park hat ihr Hund Struppi andere Hunde, einige Pferde, viele Kinder und plötzlich auch einen Hasen gesehen. Wo ist Struppi? Doch alles Rufen von Lena war umsonst. Ob der Hase ihm wohl entkommen ist? Eine Minute später kam Struppi wieder zurück. Da hat der Hase heute noch einmal Glück gehabt!

Briefe schreiben (A) — Seite 31

❶ Wenn man sich für etwas entschuldigen möchte
Wenn man mit jemandem Kontakt halten möchte

❷
links oben (Absender)	rechts unten (Adresse)
Elina Sonnenhut	Frau Bäumchen
98754 Planetenhausen	Tannenweg 7
Sternenstraße 3	67543 Waldhausen

❸
① Ort und Datum
② Anrede
③ Brieftext
④ Grußformel
⑤ Unterschrift

❹ Sehr geehrte Frau Sonnenhut,

ich danke **Ihnen** für **unser** letztes Gespräch. Seitdem kann ich dank **Ihrer** guten Ratschläge viel besser mit **meinem** Sohn und **seinen** Launen umgehen. Ich habe bereits ein gutes Gespräch mit **ihm** geführt. Hätten **Sie** nächste Woche Zeit für ein weiteres Treffen?

Mit freundlichen Grüßen

Frau Bäumchen

❺ *Individuelle Schülerantworten.*
b) *Mögliche Bewertungskriterien:*
1 Aufbau (formale Kriterien und logische Themenanordnung)
2 Inhalt (zum Thema, passende Anrede und Grußformel, Ausgestaltung)
3 Ausdruck (abwechslungsreiche Satzanfänge, Wortwahl, Satzbau, Grammatik)
4 Rechtschreibung / Zeichensetzung
5 Form (Schriftbild, Ränder eingehalten)

Briefe schreiben (B) — Seite 33

❶ Kontakt halten, Brieffreundschaft, sich entschuldigen, Einladungsbrief, Liebesbrief, jemanden trösten etc.

❷
links oben (Absender)	rechts unten (Adresse)
Vorname Name	Frau Bäumchen
Straße Hausnummer	Tannenweg 7
Postleitzahl Ort	67543 Waldhausen

❸ Sehr geehrte Frau Sonnenhut,

ich danke **Ihnen** für **unser** letztes Gespräch. Seitdem kann ich dank **Ihrer** guten Ratschläge viel besser mit **meinem** Sohn und **seinen** Launen umgehen. Ich habe bereits ein gutes Gespräch mit **ihm** geführt. Jetzt bräuchte ich noch mal erneut **Ihre** Hilfe wegen **meiner** Tochter. Ich beobachte in letzter Zeit, dass **sie** nach der Schule sehr erschöpft nach Hause kommt.
Hätten **Sie** nächste Woche Zeit für ein weiteres Treffen?

Mit freundlichen Grüßen

Frau Bäumchen

❹ offiziell, privat, privat, offiziell

❺
① Ort und Datum
② Anrede
③ Brieftext
④ Grußformel
⑤ Unterschrift

❻ *Individuelle Schülerantworten*
b) *Mögliche Bewertungskriterien:*
1 Aufbau (formale Kriterien und logische Themenanordnung)
2 Inhalt (zum Thema, passende Anrede und Grußformel, Ausgestaltung)
3 Ausdruck (abwechslungsreiche Satzanfänge, Wortwahl, Satzbau, Grammatik)
4 Rechtschreibung / Zeichensetzung
5 Form (Schriftbild, Ränder eingehalten)

Zu Bildern erzählen (A) — Seite 35

❶ Einleitung:
Wer? Max und Lilo
Wann? In den Sommerferien
Wo? Im Millbacher Freischwimmbad
Was? Die Zwillinge gingen schwimmen, saßen ohne Schwimmflügel am Beckenrand
Hauptteil:
Was passiert genau? Der 5-jährige Max wurde von zwei älteren Jungen ins Becken geschubst. Da er noch

Lösungen

nicht schwimmen konnte, drohte er zu ertrinken. Der Bademeister kann Max jedoch retten.
Warum passiert es? Zwei Jungen schubsten Max beim Spielen ins Becken.
<u>Schluss:</u>
Welche Folgen? Max wurde vom Bademeister gerettet. Er zog sich keine Verletzungen zu, aber der Schreck saß ihm noch in den Knochen. Die „Täter" entschuldigten sich.

❷ *Individuelle Schülerlösung, z. B.:*
Einleitung: In den Sommerferien ging ich mit meinem Zwillingsbruder Bruder Max ins Freischwimmbad von Millbach.
Hauptteil: Zunächst setzten wir uns an den Beckenrand und ließen unsere Beine im kalten Wasser baumeln. „Zieh deine Schwimmflügel an", sagte ich zu meinem Bruder. „Nein, keine Lust, ich möchte noch nicht ins Wasser", antwortete er mir. Ich zog meine Schwimmflügel zur Sicherheit trotzdem an und ärgerte mich über das unvernünftige Verhalten meines Bruder, da wir beide noch Nichtschwimmer waren. Direkt neben uns spielten zwei ältere Jungen Fangen. Plötzlich sah ich, wie einer der Jungen auf uns zugerannt kam und Max ins Wasser stieß. „Oh nein! Max hat seine Schwimmflügel nicht an", dachte ich. In diesem Augenblick sah ich wie hilflos Max im Wasser mit den Armen und Beinen paddelte. Verzweifelt schrie ich um Hilfe. Gerade als ich Max zur Hilfe eilen wollte, sah ich, wie der Bademeister ins Wasser sprang und meinen Bruder rettete. Die beiden Jungen standen erschrocken und erstarrt am Beckenrand und beobachteten den Vorfall.
Schluss: Im Sanitätsraum ging es Max schon viel besser. Er hatte sich von seinem ersten Schrecken erholt. Auch ich war sehr erleichtert. Gleichzeitig ärgerte ich mich über das rücksichtslose Verhalten der Jugendlichen. Die beiden Jungen kamen schließlich zum Sanitätsraum und entschuldigten sich bei Max. Sie beteuerten, dass das nicht ihre Absicht gewesen wäre und luden ihn nach dem großen Schrecken auf ein Eis ein.

❸ *Individuelle Schülerlösung, z. B.:* Ein aufregender Schwimmbadausflug; Schwimmbadunfall usw.

Zu Bildern erzählen (B)   Seite 36

❶ Angegebene Bilderfolge: Bild 1, Bild 6, Bild 5, Bild 4, Bild 3, Bild 2

❷ Stichworte und W-Fragen siehe Lösung leicht

❸ Siehe Lösung „Zu Bildern erzählen (A)"

❹ *Individuelle Schülerlösung, z. B. Ein aufregender Schwimmbadausflug; Schwimmbadunfall usw.*
Bewertungskriterien für die Bildergeschichte:
→ Aufbau: Einleitung, Hauptteil, Schluss
→ Ausgestaltung des Höhepunktes
→ Passende Überschrift
→ Sinnvolle Reihenfolge
→ Präteritum
→ Treffende Wortwahl
→ Abwechslungsreiche Satzanfänge
→ Rechtschreibung und Zeichensetzung

Erzähltexte – Märchen (A)   Seite 37

❶ a) drei alte Weiber
b) hungrig
c) dicker, fetter Pfannekuchen
d) drei

❷ Häschen

❸ falsch – richtig – richtig – falsch – richtig – falsch

❹ a) richtete – Pfanne – Höhe – lief
b) „Dicker, fetter Pfannekuchen, bleib stehn, ich will dich fressen!"
c) nicht – in den Korb – essen

❺ Märchenanfang, Märchengestalten haben keine Namen, Fabelwesen, Wiederholung von Sprüchen, Magische Zahlen, Märchen stehen in der Regel im Präteritum

Erzähltexte – Märchen (B)   Seite 39

❶ a) drei alte Weiber
b) in den Wald
c) Milch, Mehl, Ei, Fett
d) dicker, fetter Pfannekuchen
e) eine Sau
f) hungrig

❷ Häschen – Wolf – Reh – Kuh – Sau

❸ a) Die Erste gab **ein Ei**, die Zweite **Milch** und die Dritte Fett und Mehl.
b) Da begegnete ihm ein Häschen, das **rief**: „..."
c) Da kam eine Sau **dahergefegt** und **rief**: „Dicker, fetter Pfannekuchen, bleib stehn, ich will **dich fressen**."

❹ Er richtete sich in der Pfanne in die Höhe und lief weg.

❺ „Dicker, fetter Pfannekuchen, bleib stehn, ich will dich fressen."

❻ dahergefegt = schnell angerannt, in rasanten Tempo erscheinen, sich schnell nähern, herbeieilen

❼ *Individuelle Schülerantworten, z. B.:* Der Pfannekuchen hatte Mitleid mit den Kindern. Er wollte ihnen helfen. Der Pfannekuchen opfert sich für die hungernden Kinder (= Held). Der Pfannekuchen sah die Not der Kinder.

❽ *Verschiedene Lösungsmöglichkeiten, u. a.:*

Märchenmerkmal allgemein	Märchenmerkmal am Beispiel	Zeile
Märchenanfang mit einer Einleitungsformel	Es waren einmal …	1
Wiederholung von Sprüchen	„Dicker, fetter Pfannekuchen, bleib stehn, ich will dich fressen."	5, 8 …
Märchen stehen in der Regel im Präteritum.	Die Erste gab, da kam ein Reh …	1, 11 …
Fabelwesen	Sprechende Tiere (Reh, Sau …), laufender und sprechender Pfannekuchen	19, 6 …

Lösungen

Tabellen und Diagramme (A) — Seite 42

❶ Klassenumfrage; Fernsehen oder Lesen?; Sportliche Aktivitäten; Freunde und Familie

❷ Folgende Aussagen sind richtig:
a) Ein Großteil der neuen Fünftklässler verbringt ihre Freizeit damit Freunde zu treffen.
b) Bücher lesen nur sehr wenige Schülerinnen und Schüler in ihrer Freizeit.
c) 25 Kinder nahmen an der Umfrage teil.
Folgende Sportarten werden genannt:
Fußball spielen, Fahrrad fahren, Schwimmen, Bogenschießen, Boxen

❸ Das Balkendiagramm zeigt die Freizeitbeschäftigungen der Klasse 5a in Prozent an. Die beliebteste Freizeitbeschäftigung ist Freunde treffen. Die wenigsten Schülerinnen und Schüler lesen in ihrer Freizeit. Musik hören, Fernsehen und Freunde treffen machen mehr als 50 Prozent der Schülerinnen und Schüler in ihrer Freizeit.

❹ Folgende Aussagen sind richtig:
a) Die meisten Kinder bevorzugen ihre Freizeit mit Freunden zu verbringen.
b) Weniger als 50 Prozent der Kinder treiben regelmäßig Sport.

Tabellen und Diagramme (B) — Seite 44

❶ *Individuelle Schülerantwort möglich, z. B.:*
Klassenumfrage; Fernsehen oder Lesen?; Sportliche Aktivitäten; Freunde und Familie

❷ Folgende Aussagen sind richtig:
a) Ein Großteil der neuen Fünftklässler verbringt ihre Freizeit damit Freunde zu treffen.
b) Bücher lesen nur sehr wenige Schülerinnen und Schüler in ihrer Freizeit.

❸ Beide Diagramme zeigen an, was die Schülerinnen und Schüler der Klasse 5a und 5b in ihrer Freizeit machen. Die beliebteste Freizeitbeschäftigung in beiden Klassen ist es Freunde zu treffen. Freunde treffen, Musik hören und Fernsehen sind die drei beliebtesten Freizeitbeschäftigungen in beiden Klassen. Lesen ist in Klasse 5b doppelt so häufig als Freizeitbeschäftigung erwähnt.

❹ a) Sport ist in beiden Klassen die unbeliebteste Freizeitbeschäftigung.
→ Falsch. Lesen ist die unbeliebteste Freizeitbeschäftigung.
b) Das Spielen an einer Konsole ist in beiden Klassen gleichermaßen beliebt.
→ Falsch: In der Klasse 5a spielen mehr Kinder in ihrer Freizeit an einer Konsole.
c) 60 bis 70 Prozent aller Befragten hören gern Musik in Ihrer Freizeit.
→ Richtig
d) 50 Prozent aller Befragten treiben in ihrer Freizeit Sport.
→ Richtig
e) 98 Prozent der Schülerinnen und Schüler der Klasse 5a treffen in ihrer Freizeit gern ihre Freunde.
→ Falsch: 98 Prozent der Schülerinnen und Schüler der Klasse 5b treffen in ihrer Freizeit gern ihre Freunde.

Lösungen

Schwierige Konsonantenverbindungen (A) — Seite 46

1 Die Verlängerungsprobe ist eine Lernstrategie, die dir hilft ähnlich klingende Konsonanten (z. B. **p** und **b** oder **g** und **k**) zu unterscheiden.

2 Wenn du dir unsicher bist, wie ein Wort richtig geschrieben wird, bilde eine **Verlängerungsprobe**. Bei Nomen erfolgt die Verlängerung, indem man den **Plural** bildet. Bei Verben bildet man den **Infinitiv** und bei Adjektiven bildest du am besten die **Steigerungsform**.

3 a) **Nomen**

Bild	Verlängerung	Wort
Zwerg	Zwerge	Zwerg
Hund	Hunde	Hund
Stab	Stäbe	Stab

b) **Adjektive**

Verlängerung	Wort
fleißiger	fleißig
kälter	kalt
tauber	der taube Mann
Welten	Welt

c) **Verben**

Verlängerung	Wort
betrügen	betrügt
schreiben	schreibt

4 Auf der Bur**k** fan**t** diese Nacht eine wil**t**e Party statt. Der Wal**t** erschien im Mon**t**schein frem**t**. Niemand erinnert sich an den lie**p**en Zauberer.

Schwierige Konsonantenverbindungen (B) — Seite 47

1 Verschiedene Buchstaben werden oft gleich ausgesprochen. So ist es schwierig, die richtige Schreibweise herauszuhören. Durch die Verlängerungsprobe (z. B. Pluralbildung) oder aber Wortverwandtschaften kannst du herausfinden, wie ein Wort richtig geschrieben wird.

2 Wenn du dir unsicher bist, wie ein Wort richtig geschrieben wird, bilde eine **Verlängerungsprobe**. Bei Nomen erfolgt die Verlängerung, indem man den **Plural** bildet. Bei Verben bildet man den **Infinitiv** und bei Adjektiven bildest du am besten die **Steigerungsform**.

3 a) Zwerg, fleißig, Berg, Der Zeuge schweigt., Betrug, kräftig, er belügt, Zweig, der Fahrer lenkt, Das Schiff sinkt.
b) Dieb, grob, Zauberstab, Der Schüler schreibt., gelb, Die Erde bebt., Urlaub, Korb, Der Täter behauptet., herb
c) Hand, wild, Land, Welt, bunt, er bietet, Das Geld verschwindet., Er bindet die Schuhe., Rekord, kalt

4 Ferienträume
Jährlich freuen sich alle Kinder auf ihren Urlaub in fremden Ländern. Sie träumen von den wärmenden Sonnenstrahlen auf ihrer Haut. Die Mehrzahl schwärmt vom Urlaub in wärmeren Ländern. Einige wählen jedoch seltsamerweise auch die kälteren Reiseregionen. Egal welches Reiseziel gewählt wird, alles Hauptsache das Wetter durchkreuzt nicht ihre Pläne.

Nominalisierung (A) — Seite 48

1 Folgende Aussagen sind richtig:
Adjektive werden kleingeschrieben.
Nominalisierte Adjektive werden großgeschrieben.
Vor nominalisierten Verben und Adjektiven stehen Signalwörter.

2 Liebe Maria,

es fällt mir gerade schwer, mich auf **das** Lernen für die Matheabrit zu konzentrieren. Ich habe dir **etwas** Spannendes zu berichten. Heute geschah vor unserer Schule fast ein Unfall. Ein Autofahrer kam mit hoher Geschwindigkeit um die Ecke und übersah eine alte Dame mit ihrem Hund, die gerade die Straße überquerte. Ich hörte das **laute** Bremsen und **das** Quietschen der Autoreifen. **Das** Bellen des Hundes habe ich immer noch im Ohr. Die Dame und ihr Hund sind dem Wagen in letzter Sekunde noch ausgewichen. Es ist zum Glück **nichts** Schlimmes passiert.

Viele Grüße

Deine Kati

3 a) Ich wünsche die alles Gute zum Geburtstag (gut)
b) Simon schenkt Leonie einen schönen Blumenstrauß. (schön)
c) Meine Schwester hat heute viel Süßes gegessen. (süß)
d) Einiges Neues erfuhren wir durch den Vortrag von Professor Ludig. (neu)

4

Aussagen	richtig	falsch
Beim schwimmen habe ich meinen Ring verloren.		X
Ich hoffe, dass du dein Lachen nie verlierst.	X	
Mein Hund hat Große Ohren.		X
Heute passierte viel Lustiges.	X	

5 a) Rudern wird großgeschrieben, weil es ein nominalisiertes Verb ist und weil eine Präposition mit einem verschmolzenen Artikel davorsteht.
b) Leckeres wird großgeschrieben, weil davor eine Mengenangabe steht und weil es ein nominalisiertes Adjektiv ist.

6 a) Ich habe das Gießen der Blumen vergessen.
b) In den Ferien habe ich viel Aufregendes erlebt.
c) Mir gefällt dein blauer Pullover.
d) Sein Lächeln kann ich nicht vergessen.
e) Beim Rennen habe ich mich verletzt.
f) Oma hat mir traurige Geschichten erzählt.
g) Meine Tante isst nichts Süßes.

Lösungen

Nominalisierung (B) — Seite 50

① a) Nominalisierte Verben werden **großgeschrieben**. Es gibt Signalwörter, die vor einem nominalisierten Verb stehen: a) **Artikel**, Bsp.: ein Seufzen, das Lachen; b) Pronomen, Bsp.: **unsere, dein**
c) **vorangestelltes Adjektiv**, Bsp.: lautes Schreien
d) Präposition mit verschmolzenem Artikel, Bsp.: **beim, zum**

b) Nominalisierte Adjektive werden großgeschrieben, wenn sie im Satz als Nomen gebraucht werden.
Individuelle Schülerlösung für die Signalwörter, z. B.: bestimmter Artikel, Präposition mit verschmolzenem Artikel, Mengenangaben

② a) Ich wünsche dir alles Gute zum Geburtstag.
b) Simon schenkt Leonie einen schönen Blumenstrauß.
c) Meine Schwester hat heute wenig Süßes gegessen.
d) Viel Neues erfuhren wir durch den Vortrag von Professor Ludig.

③ a) Beim Schwimmen habe ich meinen Ring verloren.
→ nominalisiertes Verb, dem eine Präposition mit verschmolzenem Artikel vorausgeht
b) Auf dem Markt gibt es allerlei Leckeres zum Essen.
→ nominalisiertes Adjektiv, dem eine Mengenangabe vorausgeht

④ Liebe Maria,
es fällt mir gerade schwer, mich auf das Lernen für die Mathearbeit zu konzentrieren. Ich habe dir etwas Spannendes zu berichten. Heute geschah vor unserer Schule fast ein Unfall. Ein Autofahrer kam mit hoher Geschwindigkeit um die Ecke und übersah eine alte Dame mit ihrem Hund, die gerade die Straße überquerte. Ich hörte das laute Bremsen und Quietschen der Autoreifen. Das Bellen des Hundes habe ich immer noch im Ohr. Die Dame und ihr Hund sind dem Wagen in letzter Sekunde noch ausgewichen. Es ist zum Glück nichts Schlimmes passiert.
Viele Grüße
Deine Kati

Worttrennungen und Lernstrategien (A) — Seite 52

①

Aussagen	richtig	falsch
Einsilbige Wörter kann man trennen (z. B. der).		X
Konsonantenverbindungen ch, ck und sch darf man nicht trennen.	X	
Zusammengesetzte Wörter darf man nicht trennen (z. B. das Reiseticket).		X
Zusammengesetze Wörter können nach Wortbausteinen getrennt werden.	X	
Einzelne Vokale am Wortanfang oder Wortende werden nicht abgetrennt.	X	
Es gibt kein Wort, das man nicht trennen kann.		X

② Der Hus-ten, der Gar-ten, das Wo-chen-en-de, der Licht-schal-ter, die Son-nen-strah-len, die Kat-ze, das Er-eig-nis, die Ei-ni-gung

③ Am Abend gab der Fuß-ball-ver-eins-meis-ter ei-ne un-ver-gess-liche Som-mer-par-ty.
Die Schiff-fahrt brach-te die Klas-se im Som-mer to-tal ins Schwit-zen.
Ma-ria hat-te ihr Park-haus-ti-cket in der Ein-kaufs-pas-sa-ge wie-der-ge-fun-den.

④ Ananas, Apfel, Banane, Birne, Erdbeere, Kirsche, Kiwi, Melone, Zitrone

Worttrennungen und Lernstrategien (B) — Seite 53

①

Aussagen	richtig	falsch
Einsilbige Wörter kann man trennen.		X
Konsonantenverbindungen ch, ck und sch darf man nicht trennen.	X	
Zusammengesetze Wörter darf man nicht trennen.		X
Zusammengesetzte Wörter können nach Wortbausteinen getrennt werden.	X	
Doppelkonsonanten kann man nicht trennen.		X
Doppelvokale sind trennbar.		X
Diphtonge darf man nicht trennen.	X	
Es gibt Wörter, die man nicht trennen kann.	X	

② Der Hus-ten, der Gar-ten, das Wo-chen-en-de, das Lid, die Son-nen-strah-len, die Kat-ze, das Er-eig-nis, die Ei-ni-gung

③ Am Abend gab der Fuß-ball-ver-eins-meis-ter ei-ne un-ver-gess-liche Som-mer-par-ty.
Die Schiff-fahrt brach-te die Klas-se im Som-mer to-tal ins Schwit-zen.
Ma-ria hat-te ihr Park-haus-ti-cket in der Ein-kaufs-pas-sa-ge wie-der-ge-fun-den.

④ Arbeit

Wortarten II – Zeitformen des Verbes (A) — Seite 54

①

Aussagen	richtig	falsch
Adverbien sind Adjektive.		X
Adverbien sind unveränderliche Wörter.		
Die Wörter „heute" und „dort" sind Adverbien.		
Konjunktionen sind z. B. die Wörter „mit" und „auf".		
Konjunktionen sind Bindewörter.		
Präpositionen sind z. B. Wörter „als" und „weil".		

② a) Gestern las ich mein Buch zu Ende.
b) Der Futternapf steht unter der Bank.
c) Mein Opa muss vormittags in Krankenhaus.
d) Franzi geht zuerst zum Sport, danach besucht sie ihre Freundin.
e) Ausnahmsweise darf ich heute bei meinem Freund übernachten.

Lösungen

❸
a) <u>Neben</u> unserer Schule entsteht ein neues Geschäftsviertel.
b) <u>Als</u> ich <u>in</u> Florida lebte, besuchte ich dort eine Privatschule.
c) Meine Katze versteckt sich <u>unter</u> dem Tisch, während wir essen.
d) Olaf freut sich <u>über</u> seine Noten, <u>obwohl</u> er weiß, <u>dass</u> er noch bessere Noten haben könnte.

❹ **Das Perfekt** benutzt man meist beim mündlichen Erzählen. / Das Perfekt wird aus der Präsensform von **haben** oder **sein** und dem **Partizip II** gebildet.

❺
a) Meine Mutter backt gerade meinen Lieblingskuchen. **Präsens**
b) Unsere Nachbarn werden bald in den Urlaub fahren. **Futur I**
c) Meine Lehrerin hat vorhin eine spannende Geschichte erzählt. **Perfekt**
d) Meine Mannschaft gewann gestern das Spiel. **Präteritum**

❻

Zeitform	schwimmen	lachen	sein
Präsens	er schwimmt	ich lache	wir sind
Präteritum	er schwamm	ich lachte	wir waren
Perfekt	er ist geschwommen	ich habe gelacht	wir sind gewesen
Plusquamperfekt	er war geschwommen	ich hatte gelacht	wir waren gewesen
Futur I	er wird schwimmen	ich werde lachen	wir werden sein

❼
a) Letzte Woche **verließ** ich morgens zu spät das Haus.
b) Wir **werden** morgen mit unserem Hasen zum Tierarzt **gehen**.
c) Nachdem ich gestern Nachmittag die Zeitung **austragen hatte, regnete** es am Abend.
d) Jetzt **schauen** meine Großeltern ihre Lieblingsserie im Fernsehen.

Wortarten II – Zeitformen des Verbes (B)   Seite 56

❶

Aussagen	richtig	falsch
Adverbien sind Umstandswörter.	X	
Adverbien bestehen aus zwei Wörtern.		X
Adverbien sind Wörter, die unveränderlich sind.	X	
Es gibt Lokal- und Temporaladverbien.	X	
Konjunktionen verbinden Sätze miteinander.	X	
Es gibt nur nebenordnende Konjunktionen.		X
Präpositionen sind Fürwörter.		X
Präpositionen sind Verhältniswörter.	X	

❷
a) <u>Gestern</u> las ich mein Buch zu Ende, <u>obwohl</u> ich noch Vokabeln lernen musste. Ich habe <u>unter</u> meiner Bettdecke <u>mit</u> einer Taschenlampe <u>bis</u> 23 Uhr <u>nachts</u> gelesen. <u>Neben</u> mir schlief mein kleiner Bruder <u>in</u> seinem Gitterbett. Das Buch war so gruselig, <u>dass</u> ich davon Alpträume bekam. <u>Überall</u> versteckten sich kleine Monster <u>in</u> meinem Zimmer. Dieses Buch werde ich <u>niemals</u> wieder vergessen.

b)

Präpositionen	Konjunktionen	Adverbien
mit, in, bis, neben, nach	obwohl, dass	gestern, niemals, nachts, überall

❸ Das lateinische Wort für Gegenwart ist **Präsens**.
Das Perfekt benutzt man meist **im mündlichen Sprachgebrauch**.
Etwas Zukünftiges wird durch **das Futur I** ausgedrückt.
Das Perfekt wird aus der Präsensform von haben oder sein und dem Partizip II gebildet.
Das **Plusquamperfekt** wird aus der **Präteritumform von haben** oder **sein** und dem **Partizip II** gebildet

❹
a) Meine Mutter joggt durch den Park. (Präsens) Meine Mutter ist durch den Park gejoggt.
b) Unsere Nachbarn werden in den Urlaub fahren. (Futur I) Unsere Nachbarn fuhren in den Urlaub.
c) Die neue Lehrerin hat eine spannende Geschichte erzählt. (Perfekt) Die neue Lehrerin erzählt uns eine neue Geschichte.
d) Meine Mannschaft gewann das Spiel. (Präteritum) Meine Mannschaft wird das Spiel gewinnen.
e) Sabines Katze hatte sich beim Spielen ihre Vorderpfote gebrochen. (Plusquamperfekt) Sabines Katze brach sich beim Spielen ihre Vorderpfote.

❺
a) 1. Person Plural Präteritum (laufen) = wir liefen
b) 2. Person Singular Perfekt (singen) = du hast gesungen
c) 3. Person Singular Neutrum Präsens (schneien) = es schneit
d) 3. Person Plural Plusquamperfekt (rennen) = sie waren gerannt
e) Ihr werdet sehen = 2. Person Plural Futur I (sehen)
f) Wir sind geschlichen = 1. Person Plural Perfekt (schleichen)
g) Er hatte geschrieben = 3. Person Singular Maskulinum Plusquamperfekt (schreiben)

Satzglieder – Adverbiale Bestimmungen und Attribute (A)   Seite 58

❶ Ein Satz setzt sich aus verschiedenen Teilen zusammen. Zum Beispiel Subjekt, Prädikat und Objekt. Mithilfe der *Umstellprobe* kannst du ermitteln, welches Wort oder welche Wörter gemeinsam ein Satzglied bilden. Der Kern eines Satzes ist das **Prädikat**. Es wird mit folgender Frage ermittelt: *Was tut man/er/sie/es?*

Mit der Frage „**Wer oder was?**" wird das *Subjekt* in einem Satz herausgefunden. Das Akkusativobjekt wird durch die Frage *Wen oder was?* erfragt. Während das Dativobjekt mit dem Fragewort *Wem?* ermittelt wird.

Lösungen

❷ a) Adverbiale Bestimmungen …
liefern zusätzliche Informationen über den Ort, die Zeit, den Grund und die Art und Weise eines Geschehens.
b) Die adverbiale Bestimmung der Zeit (temporal) kann durch folgende Fragen ermittelt werden …
Wann? Wie lange? Seit wann? Wie oft?
c) Mit der Frageprobe „Warum? Weshalb? Weswegen?" wird …
die adverbiale Bestimmung des Grundes ermittelt.

❸ a) Der Tresor einer Berliner Bank wurde **gestern Nacht** aufgesprengt.
Frage: Wann wurde der Tresor einer Berliner Bank aufgesprengt?
Adverbiale Bestimmung der Zeit.
b) Die Bankräuber planten den Banküberfall **mit großer Sorgfalt.**
Frage: Wie planten die Bankräuber den Banküberfall?
Adverbiale Bestimmung der Art und Weise.
c) Der Hintergrund der Tat waren **die hohen Schulden** der beiden Bankräuber.
Frage: Weshalb/Warum/Weswegen wurde die Tat begangen?
Adverbiale Bestimmung des Grundes.

❹ Folgende Aussagen sind richtig:
Attribute sind Beifügungen, die ein Bezugswort um genauere Eigenschaften ergänzen, z. B. *krankhafter Ehrgeiz*.
Attribute können vor oder nach einem Bezugswort stehen.
Attribute sind Teile von Satzgliedern und bleiben immer mit ihrem Bezugswort verbunden.

❺ a) Umstellprobe → Attribute bleiben mit dem Bezugswort verbunden.
b) Hungrige Studenten verschlingen <u>gierig</u> den Kuchen.
<u>Umstellmöglichkeiten:</u>
Den Kuchen verschlingen die hungrigen Studenten gierig.
Gierig verschlingen die hungrigen Studenten den Kuchen.
c) hungrige: Attribut
gierig: adverbiale Bestimmung (der Art und Weise)

Satzglieder – Adverbiale Bestimmungen und Attribute (B)   Seite 60

❶ Ein Satz setzt sich aus verschiedenen Teilen zusammen. Zum Beispiel Subjekt, Prädikat und Objekt. Mithilfe der *Umstellprobe* kannst du ermitteln, welches Wort oder welche Wörter gemeinsam ein Satzglied bilden. Der Kern eines Satzes ist das **Prädikat**. Es wird mit folgender Frage ermittelt: <u>Was tut man/er/sie/es?</u>

Mit der Frage „**Wer oder was?**" wird das *Subjekt* in einem Satz herausgefunden. Das Akkusativobjekt wird durch die Frage *Wen oder was?* erfragt. Während das Dativobjekt mit dem Fragewort *Wem?* ermittelt wird.

❷ Adverbiale Bestimmung der Zeit (z. B. Wann?, Wie lange?, Wie oft?, Seit wann?)
Adverbiale Bestimmung des Ortes (z. B. Wo? Wohin? Woher?)
Adverbiale Bestimmung des Grundes (z. B. Warum?, Weshalb?, Weswegen?)
Adverbiale Bestimmung der Art und Weise (z. B. Wie? Auf welche Weise? Womit?)

❸ Der Tresor einer Berliner Bank wurde **gestern Nacht** aufgesprengt.
Frage: Wann wurde der Tresor einer Berliner Bank aufgesprengt?
Adverbiale Bestimmung der Zeit.

Die Bankräuber planten den Banküberfall **mit großer Sorgfalt.**
Frage: Wie planten die Bankräuber den Banküberfall?
Adverbiale Bestimmung der Art und Weise.

Die hohen Schulden der beiden Bankräuber stellten das Motiv der Tat dar.
Frage: Weshalb/Warum/Weswegen wurde die Tat begangen?
Adverbiale Bestimmung des Grundes.

❹ a) *Individuelle Schülerlösung,*
z. B. Attribute sind Beifügungen, die ein Bezugswort um genauere Eigenschaften ergänzen, *z. B. krankhafter Ehrgeiz.*
b) Folgende Aussagen sind richtig:
Attribute können vor oder nach einem Bezugwort stehen.
Attribute sind Teile von Satzgliedern und bleiben immer mit ihrem Bezugswort verbunden.
c) Diese Form des Attributes nennt sich: Apposition.
d) Die Aufdeckung <u>des Banküberfalles</u> raubte dem Detektiv den Schlaf.

Satzreihe und Satzgefüge (A)   Seite 62

❶ *Satzreihe:*
Eine Satzreihe besteht aus zwei oder mehreren **Hauptsätzen**
Hauptsätze haben immer ein Subjekt und ein **Prädikat**. Sie können **alleine** stehen!

Satzgefüge:
Die Verbindung von **Hauptsätzen** und **Nebensätzen** nennt man Satzgefüge.
Ein Nebensatz kann nicht **alleine** stehen.
Das Prädikat steht **am Ende** des Nebensatzes.

❷ weil – auf – hinter – **und** – da – in – **oder** – **obwohl** – **dass** – **wenn** – im – **nachdem** – mit – **als** – bei – wegen – **während**

Lösungen

❸

Sätze	Sr.	Sg.
Weil es heute heftig schneite, fiel die Schule aus.		X
Wir freuten uns, da wir heute eine Deutscharbeit geschrieben hätten.		X
Unsere Schlitten wurden im Keller gesucht und dann gingen wir rodeln.	X	
Da wir viel Spaß beim Rodeln hatten, verging der Tag sehr schnell.		X
Am Abend aßen wir eine heiße Suppe, denn wir hatten großen Hunger.	X	

❹
a) Marie hat ihre Hausaufgaben erledigt und kann nun zu ihrer Freundin gehen.
b) Die beiden Mädchen wollen am Nachmittag ins Tierheim, denn sie betreuen dort einen alten Hund.
c) Marie möchte den Dackel am liebsten mit nach Hause nehmen, aber Ihre Eltern verbieten es ihr.

❺
a) Moritz freut sich auf den Arztbesuch, weil sein Gips am Arm entfernt wird.
b) Er möchte gleich wieder Handball spielen, wenn der Arzt es ihm erlaubt.
c) Moritz hat jetzt keine Angst Handball zu spielen, obwohl er sich den Arm während eines Handballspiels brach.

❻

Regel	richtig	falsch
In einer Satzreihe werden selbstständige Teilsätze durch Kommas abgetrennt.	X	
Vor nebenordnenden Konjunktionen wie z. B. „und" oder „oder" muss ein Komma stehen.		X
Hauptsatz und Nebensatz werden in einem Satzgefüge durch ein Komma voneinander abgetrennt.	X	
Vor unterordnenden Konjunktionen wie z. B. „weil" oder „obwohl" steht immer ein Komma.		X

❼
a) Der Ausflug in den Zoo hat allen Kindern viel Freude bereitet, obwohl es leicht regnete.
b) Als die Klasse in das Elefantenhaus kam, sahen sie das Elefantenbaby Sam.
c) Die Mädchen waren sehr begeistert(,) und Sam wurde von ihnen ganz genau beobachtet.
d) Sie wollten das Elefantenbaby streicheln, aber Sam stand zu weit entfernt vom Zaun.
e) Zur Erinnerung fotografierten viele Sam(,) und manche Kinder zeichneten ihn sogar.

Satzreihe und Satzgefüge (B) — Seite 64

❶ a)

Aussagen	richtig	falsch
Eine Satzreihe besteht aus zwei oder mehreren Nebensätzen.		X
Hauptsätze können alleine stehen.	X	
Hauptsätze haben immer ein Subjekt und ein Objekt.		X
Die Verbindung von einem Hauptsatz mit einem Hauptsatz nennt man Satzgefüge.		X
Nebensätze können nicht alleine stehen.	X	
Das Prädikat steht bei Nebensätzen an zweiter Stelle.		X

b) Wandle.
– Eine Satzreihe besteht aus zwei oder mehreren Hauptsätzen.
– Hauptsätze haben immer ein Subjekt und ein Prädikat.
– Die Verbindung von einem Hauptsatz und einem Hauptsatz nennt man Satzreihe.
– Das Prädikat steht im Nebensatz am Ende.

❷ Nenne drei unterordnende Konjunktionen:
weil, obwohl, dass, da
Nenne zwei nebenordnende Konjunktionen:
und, oder, denn, aber, doch

❸

Sätze	Sr.	Sg.
Weil es heute heftig schneite, fiel die Schule aus.		X
Wir freuten uns, **da wir heute eine Deutscharbeit geschrieben hätten.**		X
Unsere Schlitten wurden im Keller gesucht **und** dann gingen wir rodeln.	X	
Da wir viel Spaß beim Rodeln hatten, verging der Tag sehr schnell.		X
Obwohl wir froren, rodelten wir bis es dunkel wurde.		X
Am Abend aßen wir eine heiße Suppe, **denn** wir hatten großen Hunger.	X	
Wir gingen früh ins Bett, unsere Mutter las uns noch was vor, **und** danach schliefen wir schnell ein.	X	

❹
a) Marie hat ihre Hausaufgaben erledigt und nun kann sie zu ihrer Freundin gehen.
b) Die beiden Mädchen wollen am Nachmittag ins Tierheim, denn sie betreuen dort einen alten Hund.
c) Marie möchte den Dackel am liebsten mit nach Hause nehmen, aber ihre Eltern verbieten es ihr.

❺ *Individuelle Schülerlösung:*
a) Moritz freut sich auf den Arztbesuch, weil sein Gips am Arm entfernt wird.
b) Er möchte gleich wieder Handball spielen, wenn der Arzt es ihm erlaubt.
c) Moritz hat jetzt keine Angst Handball zu spielen, obwohl er sich den Arm während eines Handballspiels brach.

Lösungen

❻ In einer Satzreihe werden selbstständige Teilsätze durch **Kommas abgetrennt**.
Vor nebenordnenden Konjunktionen wie z. B. „und" oder „oder" **kann** ein Komma zur Verdeutlichung stehen.
In einem Satzgefüge werden Hauptsatz und Nebensatz durch **ein Komma abgetrennt**.
Vor unterordnenden Konjunktionen wie z. B. „weil" oder „obwohl" **muss ein Komma stehen**.

❼ Der Ausflug in den Zoo hat allen Kindern viel Freude bereitet, obwohl es leicht regnete. Als die Klasse in das Elefantenhaus kam, sahen sie das Elefantenbaby Sam. Die Mädchen waren sehr begeistert(,) und Sam wurde von ihnen ganz genau beobachtet. Sie wollten das Elefantenbaby streicheln, aber Sam stand zu weit entfernt vom Zaun. Als die Lehrerin weiter durch den Zoo laufen wollte, baten einige Kinder noch länger im Elefantenhaus bleiben zu dürfen. Zur Erinnerung fotografierten viele Sam(,) und manche Kinder zeichneten ihn sogar. Während des Rückweges unterhielten sich alle über das Elefantenbaby(,) und niemanden störte der Regen.

❽ a) Obwohl Martin starke Kopfschmerzen hat, geht er in die Schule.
Satzgefüge → Haupt- und Nebensatz werden durch ein Komma voneinander getrennt.
b) Der Lehrer schickt Martin in den Sanitätsraum, und kurze Zeit später wird er von seinem Vater abgeholt.
Satzreihe → hier kann ein Komma zur Verdeutlichung stehen, muss aber nicht. – Verbindung von zwei selbstständigen Teilsätzen.

Personenbeschreibung (A/B)   Seite 67/69

Bewertungskriterien:
– Einleitung beginnt mit einem Gesamteindruck der Person mit allgemeinen Aussagen über die Person.
– Der Hauptteil beschreibt die Person in geordneter Reihenfolge.
– Im Schluss erfolgt eine Einschätzung/Wirkung der Person.
– Verwendung von aussagekräftigen Adjektiven.
– Abwechslungsreicher Satzbau
– Verwendung treffender Verben (z. B. tragen, aussehen, besitzen, wirken, aufweisen etc.)
– Verwendung des Präsens

Unfallbericht (A/B)   Seite 71/73

Individuelle Schülerlösung
Am Dienstag, dem 13. November 2012, ereignete sich gegen 18.30 Uhr ein Verkehrsunfall im Blumenweg in Kronberg. Ein von der Bergstraße in die Altstadt abbiegender Fahrer übersah einen Jungen, der auf die Straße rannte. Der Junge stürzte unachtsam seinem Fußball hinterher und wurde dabei von einem schwarzen Golf erfasst. Da der Fahrer unter Zeitdruck stand, war er nach eigenen Angaben wohl zu schnell gefahren. Es kam zu einem Zusammenprall, bei dem der Junge Schürfwunden erlitt, jedoch nicht lebensgefährlich verletzt wurde. Vorsorglich wurde der Junge von den Sanitätern im Schockzustand ins Krankenhaus gebracht. Der Autofahrer blieb unverletzt. Am nächsten Tag wurde das Unfallopfer bereits wieder aus dem Krankenhaus entlassen.

Erzähltexte – Fabeln (A)   Seite 74

❶ a) Wozu lud der Fuchs den Storch zu sich ein?
– **zum gemeinsamen Essen**
b) Warum konnte der Storch nichts essen?
– **Das Geschirr war für seinen Schnabel zu flach.**
c) Wie verhielt sich der Fuchs?
– **Er isst allein weiter.**
d) Wie reagierte der Storch?
– **Er bedankt sich beim Fuchs.**
– **Er lädt ihn zu sich ein.**
e) Was aß der Fuchs?
– **gar keine Leckerbissen**
f) Wie ging der Fuchs fort?
– **hungrig**
– **verärgert**

❷ Der Storch fühlt sich betrogen, aber lässt sich nichts anmerken. Er täuscht dem Fuchs gute Laune vor. Zudem verhält er sich unehrlich, indem er dem Fuchs für die gute Bewirtung dankt.

❸

Merkmale von Fabeln allgemein	„Der Fuchs und der Storch"
Tiere oder Pflanzen handeln wie Menschen	Die Tiere laden sich zum Essen ein
Tiere reden – Gebrauch der wörtlichen Rede	„Folge meinem Beispiele", rief ihm der Storch zu, „tue, als wenn du zu Hause wärest."
Tiere haben menschliche Eigenschaften	Fuchs: clever, schlau, pfiffig Storch: heuchlerisch, rachelustig, hinterhältig

❹ Fuchs: schlau, clever, egoistisch
Storch: hinterlistig, unehrlich, heuchlerisch

❺ *Individuelle Schülerantwort*

❻ Wie du mir, so ich dir.

❼ „Was du nicht willst, das man dir tu', das füg' auch keinem anderen zu."

❽ *Individuelle Schülerantwort*

Erzähltexte – Fabeln (B)   Seite 76

❶ a) Der Fuchs lud den Storch zum Essen ein.
b) Der Fuchs ließ die Speisen auf flachen Tellern servieren, sodass der Storch mit seinen Schnabel nichts essen konnte.
c) Der Fuchs aß einfach weiter und sagte, dass der Storch es sich schmecken lassen sollte.
d) Der Storch fühlt sich betrogen, aber lässt sich nichts anmerken. Er täuscht dem Fuchs gute Laune vor. Zudem verhält er sich unehrlich, indem er dem Fuchs für die gute Bewirtung dankt.
e) Der Storch unternahm einen Racheakt. Er ließ die Speisen in langhalsige Gefäßen servieren, sodass der Fuchs diesmal nichts essen konnte.
f) Der Fuchs war verärgert.

Lösungen

❷ Siehe Nr. ❸ (Lösung A)

❸ Siehe Nr. ❹ (Lösung A)

❹ a) *Individuelle Schülerlösung*
   b) *Individuelle Schülerlösung*

❺ a) Wie du mir, so ich dir.
   b) Der Storch verhält sich nicht besser als der Fuchs. Die Handlungsweisen der beiden Tiere unterscheiden sich nicht voneinander.

❻ Z. B. das egoistische und listige Verhalten des Fuchses: Seine Einladung zum Essen ist mehr ein Streich. Er isst, während der Storch ihm zuschauen kann; das rachsüchtige Verhalten des Storches: Er dreht den Spieß um und legt den Fuchs rein. Er verhält sich somit genauso hinterlistig; das heuchlerische und unehrliche Verhalten des Storches: Er spielt dem Fuchs vor, dass es ihm gut gefallen hätte und dankt ihm für das Essen.

❼ „Was du nicht willst, dass man dir tu', das füg' auch keinem anderen zu."

❽ *Individuelle Schülerlösung*

Sachtexte (A)   Seite 78

❶ *Folgende Reihenfolge:*
   ① Leichenfund in den Alpen
   ② Tiefgekühlter Mann aus der Steinzeit
   ③ Namensherkunft des Toten
   ④ Forschungsergebnisse
   ⑤ Geheimnisse Ötzis

❷ Folgende Aussagen sind richtig:
   Die genaue Todesursache bleibt für immer Ötzis Geheimnis.
   Ötzi lebte in der Steinzeit.

❸
Aussagen	richtig	falsch
Der Text handelt von einem verunglückten Bergsteiger aus dem Jahr 1991.		X
Der Text beschreibt den sensationellen Fund von Ötzi, einem Mann aus der Steinzeit.	X	
Der Text beschreibt die Schwierigkeiten und Erkenntnisse der Forscher nach dem Fund einer Leiche aus der Steinzeit.	X	
Der Text ist ein Forschungsbericht über den Umgang mit verunglückten Wanderern.		X

❹ Der Tote wurde nach seinem Fundort oberhalb des Ötztals liebevoll Ötzi genannt

❺ 1,60 m groß – schlank – ca. 45 Jahre alt – blaue Augen – dunkle Haare – Locken – viele Verletzungen

❻ Die Wissenschaftler **nehmen an**, dass Ötzi an einer Schussverletzung oder einer Hirnblutung gestorben ist.

❼ Unklar bleibt, was Ötzis Reiseziel war, ob er bereits vorab an einer Krankheit litt und woran er starb.

❽ a) Als Sensation wird …
   ein außergewöhnliches Ereignis bezeichnet.
   b) Vermutungen bedeuten,
   dass man etwas nicht sicher weiß, es aber Hinweise für diese Gedanken gibt.

Sachtexte (B)   Seite 80

❶ *Individuelle Schülerlösung*

❷ *Individuelle Schülerlösung,*
   z. B.: Der Text handelt von dem Fund einer Leiche aus der Steinzeit. Es werden die Ergebnisse und Schwierigkeiten der Forscher im Umgang mit „Ötzi" beschrieben.

❸ Folgende Aussagen sind richtig:
   Die Forscher konnten vieles über „Ötzi" herausfinden, jedoch nicht alles.
   Ötzi war zwischen 40 und 50 Jahre alt.
   Die genaue Todesursache bleibt für immer Ötzis Geheimnis.
   Das Gletschereis erschwerte den Forschern die Arbeit.
   Ötzi lebte in der Steinzeit.

❹ Der Tote wurde nach seinem Fundort oberhalb des Ötztals liebevoll Ötzi genannt

❺ 1,60 m groß – schlank – ca. 45 Jahre alt – blaue Augen – dunkle Haare – Locken – viele Verletzungen

❻ *Individuelle Schülerantwort, z. B.:* Es konnten Ötzi nicht alle Geheimnisse entlockt werden. Vieles bleibt uns für immer verboren z. B. seine Todesursache sein Reiseziel oder seine Krankheiten. (letzter Absatz)

❼ Die Wissenschaftler **nehmen** an, dass Ötzi an einer Schussverletzung oder einer Hirnblutung gestorben ist.

❽ *Individuelle Schülerantwort,*
   z. B.:. Vermutung: Man weiß etwas nicht sicher, es gibt aber begründete Annahmen, die diese Ideen/ Gedanken unterstützen.
   Details: Einzelheiten

Tabellen und Diagramme (A)   Seite 82

❶ Balkendiagramm

❷ Das Diagramm drückt die Zufriedenheit mit der Schulkantine von Schülerinnen und Schülern, Lehrerinnen und Lehrern und Angestellten der Baumschule aus.

❸ Die Lehrerinnen bewerteten das Essen in der Baumschule durchschnittlich am schlechtesten.

❹ Sowohl Schülerinnen als auch Schüler bewerten die Schulkantine relativ gut. Die Schüler bewerten jedoch die Schulkantine mit einem Punkt mehr.

❺ Folgende Aussagen sind richtig:
   Die Schülerinnen und Schüler der Baumschule sind zufriedener mit ihrer Schulkantine als die Lehrerinnen und Lehrer.
   Die Schulkantine wird insgesamt mit einer Skala zwischen 4 und 9 Punkten von insgesamt 10 Punkten bewertet.
   Alles in allem sind die Besucher der Schulkantine mit ihrem Schulessen zufrieden.

Lösungen

❻

Aussage	richtig	falsch
Es gibt jeden Tag eine Auswahl zwischen zwei Menüs.		X
Menü 2 ist fleischlos und richtet sich an die Vegetarier.	X	
Der Speiseplan ist wenig abwechslungsreich.		X
Es gibt jeden Tag einen Salat oder ein Dessert.		X

Tabellen und Diagramme (B)   Seite 84

❶ Balkendiagramm

❷ Die Diagramme drücken die Zufriedenheit mit der Schulkantine von Schülerinnen und Schülern, Lehrerinnen und Lehrern und Angestellten von zwei verschiedenen Schulen aus.

❸ Die Lehrerinnen bewerteten das Essen in der Baumschule durchschnittlich am schlechtesten.

❹ In der Baumschule bewerteten die Schülerinnen und Schüler ihre Schulkantine relativ gut. In der Sonnenschule dagegen war die Bewertung der Schülerinnen und Schüler wesentlich schlechter.

❺ Die Angestellten bewerten in beiden Schulen das Essen relativ gleich. (Im guten bis sehr guten oberen Bereich)

❻ Durch beide Diagramme ist sehr schön zu erkennen, dass die Meinungen über das Schulessen auseinander gehen. Insgesamt scheint ein Großteil der Besucher der Schulkantinen aber mittelmäßig mit dem Essen zufrieden zu sein.

❼ Folgende Aussagen sind richtig:
Die beste Bewertung in beiden Schulkantinen liegt bei 9 von möglichen 10 Bewertungspunkten.
Die Schulkantinen werden insgesamt mit einer Skala zwischen 3 und 9 Punkten bewertet.
Die beste Bewertung des Essens geben in beiden Schulen die Angestellten ab.

❽ a) falsch
   b) Menü zwei ist immer fleischlos.
   c) falsch
   d) *Individuelle Schülerantwort,*
      z. B.. Ja, der Speiseplan ist abwechslungsreich. Man kann oftmals zwischen zwei Menüs wählen. Außerdem wiederholen sich in der Woche keine Speisen.